歴史を知る楽しみ

史料から日本史を読みなおす

家近良樹 Iechika Yoshiki

★──ちくまプリマー新書

314

目次 ＊ Contents

はじめに　――ペリー来航から考える

歴史学の面白さ

世の中には歴史嫌いの人がそれなりの数います。そうした人たちがよく口にするのが、歴史の勉強は暗記をひたすら強いられるので「うんざり」するというものです。確かに、入学試験等との関係で、教科書に掲載される人名や事項の数が徐々に多くなったため、覚えねばならない人名や用語が著しく増え、嫌気《いやけ》がさすのも理解できます。

それといまひとつ、日本の歴史教育では、授業時間が少ないこと等もあって、生徒に歴史に対して十分な興味を抱かせるだけの授業内容にはなかなかなりません。その結果、歴史を学ぶことには「へえっ、そうだったのか」といった新鮮な驚きの要素と、頭脳を駆使して考える楽しさの両要素があるにもかかわらず、歴史嫌いの人をこれまでたくさん生み落とすことになったのです。

これから、おいおい明らかになりますが、歴史学というのは、人間と社会を相手にする学問です。いうまでもなく、人間や社会のあり方は多様です。また、時代の移り変わりにともなって、その内実はどんどん変化していきます。ということは、対象とする相手が種々雑多なぶん、取り上げる材料には事欠きませんし、実態を解明するうえでの切り込み方も様々なものが用意できます。そして、歴史学の面白さのもとは、ここに胚胎《はいたい》しているといっても過言ではありません。

教科書のなかのペリー来航

ほんのひとつ具体例を挙げます。皆さんは、嘉永《かえい》六年（一八五三）の六月三日（西暦では七月八日）に、軍艦四隻を率いて、江戸湾入り口の浦賀沖に現われ、日本に開国を求めたアメリカ東インド艦隊司令長官ペリー一行の来航が明治維新（日本の近代）の出発点だと位置づけられていることをご存じですか。

すなわち、ペリー来航が幕末段階の日本に多大な「衝撃」を与えたとして、この事件は幕末史上でも特別視されます。現に、「ペリー・ショック」とか、「嘉永六年の黒船さわぎ」といった言葉が見られますし、ペリー来航に関する研究書や概説書はたくさんあります。また、ペリー来航に関する古文書や絵図類もそれこそ日本各地に数多く伝わっています。

さらに書き足せば、ペリーが来航するやいなや、ペリーの顔を描いた肖像画が数多く世の中に流通しました。その中には、ペリーを実際に見たことがないこともあって、まるで化《ば》け物《もの》としか受け取れないようなものも含まれています。それほど、ペリー一行の来航は、当時の人々に巨大な衝撃を与えたのです。

ペリー来航当時に描かれた肖像画

そして、ペリー来航を特別視するのは、幕末時点からのことです。例えば、ペリーが来航した直後に、当時老中首座の職にあった阿部《あべ》正弘《まさひろ》（一八一九〜五七）から相談を受けた前水戸藩主の徳川斉昭《とくがわなりあき》（一八〇〇〜六〇）は、側近に宛てた書簡（『水戸藩史料』上編乾《いぬい》）中に、今回の件は「天下の一大事、弘安四年以来の御大変」だと記しました。

弘安四年（一二八一）とは、「元寇《げんこう》」すなわち「文永・弘安の役」の後者のことです。つまり、当時、東アジアから東ヨーロッパにまで勢力を広げていた元が、日本に服属を迫ったものの鎌倉幕府が拒否したために、大軍をもって再度北九州地域に来攻した大事件です。斉昭は、ペリー来航を元によって日本が植民地化されかねなかった蒙古襲来以来の国家的危機だと認識したということです。

そして、こうしたことを受けて、王政復古クーデター直後の慶応三年（一八六七）年の十二月十四日に、禁裏《きんり》の「仮建《かりだて》」（京都御所の中に作られた簡易な急造の建物）に呼び出した諸藩の留守居に対して、新しく成立した政府から渡された王政復古を告げる成文（『皇国形勢聞書』他に所収）中に、次のような文章が記されることになりました。「そもそも、癸丑已《きちゅうい》（以）来《らい》、未曽有《みぞう》の国難、先帝頻年宸襟《ひんねんしんきん》を悩ませられ候次第、衆庶《しゅうしょ》の知るところに候」。

難しい言葉が並んでいるので解説します。まず「癸丑」とはペリーが来航した年のことです。つまり、ペリーが来航してから、いまだかつてない「国難」が発生し、先の帝《みかど》であった孝明《こうめい》天皇（慶応二年十二月二十五日に崩御《ほうぎょ》しました）の心をずっと悩まし続けることになったのは、「衆庶」誰でも知っていることだという文意です。

このようにすでに幕末段階で、ペリー来航をきっかけに日本国内は政治面でも社会面でも一気に混乱状況に突入し、激しい「国難」を招いたとされたのです。そして、このことが延《ひ》いては、維新の開始に繋《つな》がったとも見なされました。すなわち、外国と不平等条約を結ぶことになった徳川政権に対する批判の高まりから、やがて討幕運動が繰り広げられたことが重視されました。

その結果、日本の近代（維新）は、このペリー来航によってはじまるとする記述が、教科書のほぼ全てで採用されることになったのです。

ペリー以前に開国をせまった外国人たち

しかし、ちょっと頭を働かせれば、このような「常識」そのものといってよい教科書の記述に対しても、疑問点をぶつけることができます。歴史をはじめから暗記科目だとする姿勢をとっている人には思いもつかないことかもしれませんが、ほんの少し、遊び心もしくは探求心があれば、面白いものが見えてきます。

実は、大学受験レベルでは丁寧に教えられていないことですが、ペリー一行の来航前に、同様のシチュエーションで、外国が日本側に開国通商を求めたケースが複数実在します。ペリー一行の場合は、アメリカ人であること、巨大な軍艦でもって江戸湾の入り口に当たる浦賀沖に来航したこと、開国通商を日本側に要求したことが、特色として挙げられるかと思います。

そこで、これらの条件に該当するものを列挙すると、弘化《こうか》三年（一八四六）閏《うるう》五月に、アメリカ東インド艦隊司令長官のビドゥル（ビッドル）が、開国と通商を求めて巨大な軍艦二隻で浦賀に来航し、幕府と諸藩を狼狽《ろうばい》させたことが目につきます。ペリー一行に先立つ七年前のことです。

これは、すべての条件で、ペリー一行に当てはまることがわかるでしょうか。再度繰り返しますが、アメリカの東インド艦隊司令長官が巨大な軍艦でもって浦賀に来航し、日本側に開国通商開始の意思があるかどうかを打診し、日本側を騒然とさせたのです。

そして、この時、ビドゥルが乗艦していた軍艦の巨大さと、アメリカ側の対応の厳しさに徳川政権は強い衝撃を受け、それまで冷遇していた洋学者への待遇を一気に良くします（藤田覚『幕藩制国家の政治史的研究』）。

これでは、ペリー一行の渡来時とまったく変わりがありません。さらに、直近で他にも該当するものがないかと探すと、天保八年（一八三七）の六月に、アメリカ商船のモリソン号が日本人の漂流民七名を連れて浦賀に来航し、通商を企てたケースが目にとまります。これは、軍艦ではなく、商船であったことを除けば、やはり他の条件はペリー一行に合致します。また、ペリー来航の四年前に当たる嘉永二年（一八四九）の閏四月には、イギリスの軍艦マリナー号が浦賀に来航します。これはアメリカではなくイギリスの軍艦であったこと、開国通商そのものを求めての来航ではなかったことを除けば、やはりペリー一行と重なります。

ペリー来航はなぜ特別なのか

さて、僕が、本書の冒頭部にあたるところでなぜ、わざわざ、このようなことを記したのかといえば、高等学校までの教科としての「歴史」と学問としての「歴史学」の根本的な違いを、読者の皆さんに、ぜひお伝えしたいと思ったからです。小・中・高での勉強は、歴史分野に限らず、基礎的な知識を学び、それをいかに正しく応用できるかという点に主たる力点が置かれています。そのため、ややもすれば、設問・答え・解き方が決まった問題を、いかに早く正確に理解できるかというスピードを競うことになりがちです。むろん、これが完璧にできればできるほど、頭の良い優等生と評価されることになります。

ところが、大学での勉学というのは、もちろん誰もが否定しえない基礎的な知識は多々求められますが、自由度が格段に違います。すなわち、問題の立て方も、解答の仕方も、かなり自由です。

このことを、先ほどから取り上げているペリー来航問題を対象に説明すると、次のようなことがいえます。例えば、ビドゥル来航のことを知った際、「どうして、ペリー来航ではなくビドゥル一行の来航が日本の近代のはじまりとされなかったのだろう?」といった問題意識が持てるかどうか、こういったことが学問としての「歴史学」のはじまりとなります。つまり、高等学校までのように、別段疑問も感じずに丸暗記でき、公式を当てはめて高得点を取るという能力とは別次元の能力というかセンスが求められるのが「歴史学」なのです。

とにかく、課題として与えられたものをどれだけ理解できたかではなく、自分で「問題」を「発見」し、それに自分なりの解答を下すに至る過程（プロセス）をいかに楽しめるかが歴史学に止《とど》まらず学問一般には求められます。しかも答えは、ひとつではなく複数であることが普通です。

ところで、僕は昔年、前述のような疑問をふと抱いたのですが、現に、幕末期の史料を見ていたら、ペリー一行ではなく、ビドゥル一行の来航を画期的なものと受けとめているものによく出会います。例えば、僕の目にとまった史料をひとつ挙げれば、尾張（現愛知県西部）の戯作者であった小寺玉晁《こでらぎょくちょう》が蒐集《しゅうしゅう》した慶応三年の史料（『丁卯雑拾録』一）中の記述がそれに該当します。誰が綴《つづ》ったものか不明ですが、「大秘見聞実録（天誅《てんちゅう》張紙）」なる史料中には次のようにあります。

それは、江戸幕府の支配を大きく揺るがせたものとして、大塩平八郎の乱がまず挙げられ、ついで「其後《そのご》、弘化の始、相州浦賀江墨夷（＝アメリカ）の船来り」云々《うんぬん》というものです。これは明らかにビドゥル来航のことを指します。そして、このあとペリー来航問題には触れず、孝明天皇（一八三一〜六七）が幕府の求めた日米修好通商条約の勅許要請に即座に応じなかったことが、幕府の支配を揺るがせた要因として挙げられました。このように、ペリー来航ではなく、ビドゥル来航を特別視する見方は、幕末段階からすでにあったのです。

また幕末史といえば、孝明天皇の存在を欠かすわけにはいきません。この天皇は、本来ならば、日本酒好きの温厚な性格の天皇として生涯を終えたはずでしたが、対外危機の時代に生まれ合わせたために、不幸な後半生《こうはんせい》を送ることになりました。そして、自分はこの国の精神的な君主だとの自覚が強かったために、ビドゥル一行がやって来た年の八月二十九日、御沙汰書《おさたがき》を幕府にくだし、最近、異国船の来航が多いとの「風聞（＝噂《うわさ》）」を気にしているとしたうえで、「神州」に疵《きず》がつかないように幕府が適切な「指揮」を執《と》ることを求めました。

そして、これが対外問題にかかわって天皇が幕府に勅をくだした最初のケースとなりました（家近良樹『幕末の朝廷』）。いかにビドゥル一行の来航が、天皇に強い衝撃を与えたかが、このことによってよく理解できます。とにかく、ペリー来航に先立って、ビドゥル来航が、当時の人々には特別なことが起こったと強く認識されたのです。

そして、こうしたことに加え、ペリー来航のほぼ一年前に当たる嘉永五年（一八五二）六月に、アメリカの要請を受けたオランダ側からペリー来航に関わる情報、つまり日本との通商関係の樹立を求めてアメリカ使節が渡来するとの情報が徳川家にもたらされました。

このように幕府首脳が事前にペリー来航のことを知っていたにもかかわらず、「それなら、なぜペリー一行は、あれだけの衝撃を瞬時に日本社会に与えたのだろう」とさらなる疑問に駆り立てられれば、「しめた」ものです。相当程度、学問に向いていると思います。

以上、いきなり、ペリー来航問題を対象（素材）に、ごく乏しい知識を獲得するだけで、様々な疑問を頭に思い浮かべて、あれこれと想像する楽しみを持てるのだと書きました。もっとも、この点に関する僕の個人的な見解はあとで簡単に記すとして、歴史は決して暗記物ではないということだけは、ほんの少しですが理解してもらえたと思うので、いよいよ本章に移ります。

第一章　歴史学者のしごと　――学問としての歴史

司馬遼太郎は研究者？

本章では、歴史学の特色について説明したいと思います。そこでまず最初に取り上げたいのは、時代（歴史）小説との違いです。世の多くの人たちと話をしていて驚かされることのひとつに、時代小説家の書いたものを全面的に真実だと受けとめている人が多いことがあります。これには後述するように、「創作」話を、あたかも、この世で実際に起こった出来事であったかのように読者に思わせる、時代小説家の筆力（力量）が大いに関係しています。

ところが、これが我々《われわれ》歴史家（研究者）にとって心底困るのです。というのは、歴史家は、史料的な裏付けのないものは書けません。少なくとも、十分な質と量の史料ではないとしても、ほぼこうした点までは、間違いなくいえるだろうといった史料が存在する範囲内でしか、喋《しゃべ》ったり書いたりできないのです。その点で、時代小説家は、史料がない部分は、想像力でもって補うという「自由闊達《かったつ》さ」を持ち合わせています。

そして、真に厄介なのは、秀《すぐ》れた時代小説家になると、史料のない「空白」部分を、その豊かな想像力でもって生き生きと蘇《よみがえ》らせる表現力を有しているので、登場人物が実際に、このような行動をしたり会話をかわしたりしただろうと読者に思いこませてしまうことがあるのです。

しかも悪いことに、歴史家と時代小説家では、影響力がまるで違います。僕のこれまでの体験からいえば、歴史家の影響力は、時代小説家のそれと比べると、およそ十分の一程度ではないかと思います。もちろん、これは、ごくアバウトな捉え方であって、個々の歴史家や作家によって違いがあります。それでも、読者数が一桁《ひとけた》違う場合が多いので、歴史家と作家では影響力に決定的な差があることは間違いありません。

例えば、その代表格を挙げると、さすがに没後二十年以上を経過したので、以前ほどの巨大な影響力は無くなったようですが、司馬《しば》遼太郎《りょうたろう》さんの文学作品などは、いまでも一〇〇パーセント事実を記したものだと受け取っている人は多いです。

もっとも、『坂の上の雲』のように、史料を丹念に読みこんで書かれた作品（陸軍と海軍にそれぞれ奉職し、日露戦争でともに軍人として大手柄《おおてがら》を立てた、松山出身の兄弟（秋山好古《よしふる》・真之《さねゆき》）を中心とした歴史小説です）などもありますが、その一方では主人公に惚《ほ》れこむあまり、架空の人物を坂本龍馬の周辺に登場させた、歴史家ではとうていなしえない『竜馬がゆく』のような作品もあります。

いうまでもなく、後者は、坂本龍馬という人物の行動を活写するうえで、このような人物がいたら、より効果的だとの判断の下に登場人物を「創出」したものです。したがって、司馬さんは、史料に制約されないで奔放な執筆活動を時に展開した点で、史料に縛りつけられる研究者の一員と位置づけることはできません。これから時代小説を読まれる際には、こうしたことを念頭において、大いに楽しんで下さい。

江戸時代に性犯罪が少なかった理由

続いて、世の中に数多くある学問の中で、歴史学というのは、どのような特色を持つ学問かといったことを、改めて簡単に説明したいと思います。

まず第一に挙げねばならないのは、歴史学というのは、現在ではなく過去に起こった人間や社会に関わることを研究する学問だということです。ではいったい、その過去とは、どの辺の時期までを指すのかというのが大問題となります。第二次世界大戦前頃までの日本の歴史学界では、研究対象とするのは、だいたい江戸期ぐらいまでといった不《ふ》文律《ぶんりつ》があったようです。

したがって、江戸時代最末期に当たる明治維新期なども、概して近代史ということで、主たる研究の対象とは、どうやらされていなかったようです。それが、近年ではどんどん時代が下って、ともすれば、ほんの十年ほど前ですら、歴史研究の対象になりかかっているとすら僕には思えます。おそらく、現代に近づけば近づくほど親しみが感じられるし、また直接的な影響も大きいといったことが関係しているのでしょう。考古学に対して考現学と名づけられた学問があるのですが、まさにいま現在に向き合う考現学に限りなく近い時期を対象とする歴史学が登場しそうな勢いです。

それはおき、歴史学の大きな特色といえるのは解釈学だということです。これはどういうことか。人類はこの世に誕生してから、それこそ膨大な事実を生み、残してきました。人類は世界中のあちらこちらで生活をし、その過程で各種の生産活動に励みながらも、時に対立し戦争なども引き起こしてきました。ところが、そうした事実をただ羅列《られつ》しても歴史を語ったことにはなりません。

それに実際のところ、すべての事実を際限なく取り上げ、細大もらさず叙述することは不可能です。そこで、我々の知っている事実というのは、これまで歴史家を含む多くの人々が、膨大な事実の中から、これはこういう理由で大事だからと取り上げてきた、ごく限られたものだということになります。すなわち、膨大な事実の中から、特定の事実が「取捨選択」され、それをなぜ選んだのかという「解釈」がなされ、結果的に歴史的意義があると広く受け入れられたものだけが「事実」として残されてきたといえます。これを「歴史的事実」と称します。

こうしたことを踏まえたうえで、確認しておきたいのは、我々は極めて限定的な事実しか知っていないということです。もっとも、歴史学の面白いところは、膨大な事実の中のどれを「選択」するか、なぜそうした選択をしたのかの作業が、歴史家によって自由だということです。つまり、歴史家の抱えている問題意識や個性、あるいは男女の違い等によって、選択する「事実」も「解釈」も異なってきます。そして、ここに歴史学の面白さが生まれます。

ひとつ例を挙げれば、もう三十数年ほど前のことになりますが、僕が面白いなと思えた小さな論稿がありました。それは、当時いまだうら若かったと思われる女性研究者の手になるものでしたが、彼女はふと江戸期になぜ性犯罪が極めて少なかったのかという疑問を抱いたようです。そして、この発想の前提には、どうやら江戸期に生きた大衆が男女をとわず銭湯（公衆浴場）の世話になっていた史実が大きく関わったようです。

すなわち、江戸期にあっては自分の家に風呂（内風呂《うちぶろ》といいます）があるのは、ごく限られた階層に属した人だけでした。ところが、いまも昔も、日本は夏は蒸し暑く、冬は寒い所が多いですね。そのため、どうしても一日の終わりには一風呂《ひとふろ》浴びたくなります。

そこで銭湯に行くことになるのですが、これは男女で入り口が分かれてはいるものの、湯船はひとつなので当然中では混浴ということになります。これには、江戸期が省エネルギー社会だったことが大いに関係しました。つまり、風呂を沸《わ》かす燃料となる材木を伐採し続ければ禿山《はげやま》が多くなり、その結果、風水害の被害を受けるようになることを当

ペリーに随行した画家ハイネが描いた当時の銭湯の様子

時の人々は恐れたのです。湯船がひとつだと燃料は少なくて済みますね。
　彼女は、こうした史実を知ったうえで、男性と女性が一緒の湯船に入るという、現代人からすれば刺戟《しげき》的な環境の中、どうして性犯罪の発生件数が少なかったのかと不思議に思ったようです。また、江戸期にあっては銭湯に行かないまでも、人の目にとまるような場所（庭先など）で行水《ぎょうずい》をする女性の姿もよく見かけられました。なのに犯罪の発生率は極めて低かった。
　そして、彼女が最終的に出した結論が当時の人々と我々とではものを見る視点が異なったためではないかというものでした。つまり現代人は一点をじっと凝視《ぎょうし》するルック・アット（look

at）なのに対し、江戸期の男性はたとえ女性の裸が目に飛び込んできても見て見ぬふりをするシー（see）の視点で暮らしていたことが大きく関係したのではというのが、彼女の下した結論でした。シー（see）という英単語は、漠然と眺めるという曖昧《あいまい》な視点を指すようです。

とにもかくにも、若き日の僕は、彼女が下したこの推論が正しいかどうかはともかく、いかにも女性研究者らしい目の付け所だなと思って印象に残りました。

三行半は男尊女卑の象徴か

先ほど「歴史的事実」というのは、膨大な事実の中の極めて限られたものだと書きました。しかし、そのように選ばれた事実だからといって、その「歴史的事実」がずっと後世の人間にそのままの形で受け継がれていくかというと、そうとも限りません。当然のことながら、時代の移り変わりによって解釈が変わり、その結果、「歴史的事実」とされたものにも解釈の相違が生じることも時にあります。

そうした事例に該当するかどうか、いささか自信がありませんが、かつて、この国の女性が酷《ひど》く差別されていた（男尊女卑）象徴的な事例としてよく取り上げられたものに三行半《みくだりはん》（三下半）があります。これは、江戸期にあって、離婚に際し、夫が妻に対して出した離縁状で、三行半にわたって記されたので、このような名前がつけられました。

すなわち、こうしたものが女性側に対して男性側から一方的に渡されたとして、そこに江戸期の女性が置かれていた哀れな状況を読みとろうとしてきたのです。そして、このこととの対比で、しばしば教科書でも有名な平塚らいてう（らいちょう。一八八六～一九七一）が発刊した文芸誌『青鞜《せいとう》』の創刊の辞「元始、女性は太陽であった」が取り上げられてきました。つまり、古代の女性は、江戸期の女性とは反対に、女性側に財産権が与えられていたので、輝くような存在だったと強調されたのです。

ところが、女性史に関する研究が進展するにつれて、こうした解釈は否定されるようになってきました。すなわち、三行半は、女性が再婚するうえで必要不可欠であった点が重視されるようになり、その結果、三行半はむしろ再婚を望む女性に配慮して出されたた、それを手にすることで再婚がしやすくなるものであったと見なされるようになりました。

そして、こうした解釈がなされるに至った前提には、江戸期が、後述するように、離婚の多い社会であり、そのぶん再婚する女性も多かったという「歴史的事実」が存在しています。いずれにせよ、このように、「歴史的事実」に対する解釈も、時代の変遷によって、大きくさま変わりすることがままあります。

権力者による歴史の「選択」と「解釈」

ここでさらに、いまひとつ大事な点を押さえておきたいと思います。それは、歴史的事実は、しばしば時の権力者や時代状況によって変容を余儀なくされてきたということです。権力者が世論を味方につけるために、自分たちにとって都合の良い事実を「選択」し、自分たちに好都合な「解釈」を押しつけてきたのが人類の歴史です。例えば、近年ではアメリカのブッシュ政権が、イラクのフセイン政権を打倒するに至ったケースなどがそれに該当します。

僕は、今世紀がはじまってまもなく、二一世紀を代表する大事件が早くも勃発したなと感じました。それが、二〇〇一年の九月十一日に発生したワールド・トレードセンターへの飛行機での突入を核とするアメリカでの同時多発テロです。これは、アメリカ本土がはじめて戦場となって多くの犠牲者を出したケースとなりました。そして、そのぶんアメリカ人に強い衝撃を与えることになったのです（なお、これ以前も以後も、アメリカは常に他国との戦争は相手国側でしています。つまり、自国内での戦争は真珠湾を除けば無いのです。このことを、我々は軽視すべきでないと考えます）。

この時、ブッシュ政権は、テロの背後にイラクのフセイン大統領の支援があると見て、同政権の打倒を目指しました。そして、口実としたのが、フセイン政権による大量破壊兵器の保有でした。

つまり、こういったテロを支援するような政権が、大量破壊兵器を保有している以上、これを見逃せば、アメリカをはじめとする自由主義世界はエライめに遭《あ》うということで、イラクへの侵攻を正当化し、実際対イラク戦争をはじめました。

しかし、戦後、いくら探しても、いまだに大量破壊兵器は見つかっておりません。そして僕が、これを今世紀を代表する大事件の筆頭にあげたのは、もちろん、これ以後アメリカがイスラム世界をよりいっそう敵にまわすことになったからです。ついでキリスト教世界に対するイスラム圏関係者のテロが続発し、今日に至っていることは周知の通りです。

また、これは西欧の中近世（中世・近世）の話ですが、一四世紀から一七世紀にかけてのヨーロッパで、黒死病といわれた風土病が流行し、多くの犠牲者が出ました。つい最近、この方面に関わる著作（石坂尚武『どうしてルターの宗教改革は起こったか』）を読んでいたら、イタリアのフィレンツェなどでは、一四世紀半ばで十二万人いた人口が、同世紀の末にはわずか六万人程度にまで激減したといいます。しかも四回にわたって周期的に発生した流行時には、毎週三桁におよぶ数の人々が疫病死することもあったらしいです。

こうなると、人々はパニック状況となり、それが数万人ともいわれる女性に犠牲を強いることになったのです。すなわち、この時、時の権力者やカトリック教会の関係者等は、民衆の不満が自分たちに向かうことを恐れて、ちょっと変わったタイプ（存在）の女性に対する攻撃を黙認もしくは煽《あお》りました。それが有名な魔女狩りの流行に繋《つな》がりました。

こうした黒死病の流行や洪水、地震、飢饉《ききん》、火山の噴火などの発生を、不信心な人間に対して神が怒った結果（「神罰」）だと「解釈」し、怒りの対象が特定の女性に向かうのを黙認し、煽ったという次第です。いまでは、黒死病の原因はペスト菌だとされていますす。すなわちクマネズミに寄生していたノミがペスト菌を人間の血液中に注入することから罹《かか》る病気だということが明らかにされましたが、当時にあってはこうした迷信が多くの女性の生命を奪ったのです。

なお、歴史を学んでいて、なんともやり切れない気持ちにさせられることがあります。魔女狩りに並行して物凄《ものすご》い数の猫や犬が殺されました。黒猫が魔女の使いと見られたり、猫や犬が黒死病で死ぬことが極端に少なかったため、不幸なことにこれらの小動物が黒死病の原因だと判断されたためです。ところが、その結果、本来ならクマネズミを駆除するのに大いに役立ったはずの猫の数が一気に減り、かえって黒死病の流行を手助けすることになります。極度の痛々しさをともなう、歴史が我々に残した「負の遺産」としかいいようがありません。

歴史は因果と偶然から成り立つ

歴史学のもうひとつの大きな特色は、物事を原因と結果という因果関係で分析し説明することです。すなわち、物事の発生には必ず、それを引き起こす原因があり、それが結果にさらに繋がると見なします。そして、ここが歴史学の面白いところですが、その原因には、必然的な原因と偶然的な原因の双方があります。前者は、物理学と同じように、ほぼ例外なく、こうしたことが事前に発生すれば、このような結果を招くという、合理的な説明がつくものです。

もちろん、歴史学においても、大部分の出来事（事柄）は必然的な原因と結果論で説明がつきます。ですが、人間や社会を相手にする歴史学の場合は、科学的分野の学問とは違って、後者の偶然的な原因の占める割合が相対的に大きいのです。つまり、なぜこんな時に、このような予想しえない事態が生じるのかといったことがしばしば発生し、それがその後の歴史過程に大きな影響をおよぼして、歴史の様相を大きくぬりかえるといったことがよくあります。

例えば、重要な位置を占めた人物の突然死や天候不順の発生などがそうしたものに該当します。むろん、人物の突然死などは致命的な持病があれば死に至る「必然的な原因」と見なせますが、それが何年の何月何日に、どのような場所で生じるかは「偶然」に属します。

また、他人との出会いの問題も、こうしたケースに該当します。例えば、頑張ってその分野で活躍していれば、その分野の実力者と出会う可能性は必然的に高くなるでしょう。しかし、その過程でまったく思ってもみなかった人物と偶然出会い、それによって運命が大きく変わるといったこともまま生じます。

そして、現在の僕は、こうした偶然的な原因が加わるからこそ、歴史学には、えも言われぬ「複雑な面白さ」が生まれる。つまり、すべての歴史事象を合理的に解明できないからこそ歴史学は面白いのだと思っています。そして、こうしたことに思いが至ることで、人間や社会のあり方を決定するのは何かという問題を考えるうえで、たったひとつの単純な視点から物事を判断するのではなく、様々な角度から客観的に判断しうる総合力が身につくのだと考えます。

さらに加筆すると、こうして、必然か偶然かはともかくとして、原因と結果で物事を合理的に考える習慣が身につくと、ありがたい効果がもたらされます。現代の社会は、以前よりも説得的に議論できる力（＝コミュニケーション力）が求められるようになりました。とくに近年のように、国際化の時代をむかえ、外国人とも対等な立場で話し合い、相手を明晰《めいせき》な論理でもって説得する必要性がより求められるようになると、このことは、いっそう明らかとなりました。

そして、こうした際には、たとえ難しい交渉相手といえども、感情的ではなく、ウィットとユーモアに満ちた精神の下、論理的に自分たちの考え（方針）を相手側に伝えねばなりません。そうしないと話し合いにならず、最終的に相手側から自分たちの考えを認められることもないからです。

つまり、これは根拠となる史料を提示して、なぜ自分たちがこうした結論に至ったのか、その原因となるものを示す歴史学のあり方と同様です。僕が歴史を学ぶ意義を広く世間一般に訴えるのは、ひとつには、このように実社会でもその手法が応用できる点にあります。

第二章　なぜ西郷隆盛は人気者なのか　——歴史から生き方を学ぶ

1　歴史は学びの宝庫

日露戦争を知らない大学生

近年、僕は、歴史離れの進行とともに、随分歴史を学ぶことが軽視されるようになったなと思わされることが多くなりました。とくに、若い人たちについては、そのように感じます。それ以前は、なにかと研究者のあいだでは批判されることの多い司馬《しば》遼太郎《りょうたろう》さんの先述した『竜馬がゆく』などを、父親の書棚から取り出して読んでいた学生もいたのですが、ここ十数年のあいだに、ほぼそうした学生は絶滅しました。

司馬さんの幕末期から明治期にかけてを対象とした作品の特色は、欧米諸国の鎖国日本の開国を求める圧力（いわゆる外圧）に対して、坂本龍馬のような一群の青年が登場してきて主体的に対応し、結果的に西洋的な近代化の達成に大きく貢献した点を高く評価したところにあります。

すなわち、出身藩の違いや身分差といった垣根をこえて、同じ「志」を持つ者が結びつくことで、他のアジア・アフリカ諸国とは違って、唯一、日本だけが自力で封建体制を打倒し、西洋的基準にもとづく近代化（資本主義化）に成功した過程が生き生きと明るく描かれ、司馬作品を読む一般の人々に、日本人としての誇り（快感）を生じさせました。つまり、司馬作品を読むと気持ちが高揚し、前向きに物事が考えられるようになるというわけです。

そして、これには、一九六〇年代以降、日本が経済的に大発展するにつれて、国民が大いに自信をもつようになったことが関係しています。つまり、自国の経済的発展によって、日本の歴史過程（とくに明治維新以降のそれ）を肯定的に見ていこうという風潮が高まりました。司馬さんの小説が熱狂的に読まれた背景には、こうした時代背景がありました。実際、『竜馬がゆく』が産経新聞紙上に連載されはじめたのは、昭和三十七年（一九六二）のことです。

そういったことはさておき、僕などは、父親の書棚から、これまた先述した『坂の上の雲』などの司馬作品を取り出して読んでいた学生に対しては、物事の見方がやや単純だなと思わされることが時にありましたが、今となっては、元気で人間的には愛すべきものを多分に持っていたように思います。これは、司馬さんの描く時代小説中に登場する主人公たちの自己犠牲を厭《いと》わない魅力的な生き方に、知らず識《し》らず影響を受けた結果でしょう。

ですが、ここ十数年のあいだに驚くほど学生の歴史離れが進んだと思わされる事態が生じました。僕は大学の教員を勤めていた時、一般教養科目のひとつとしての歴史学を教える立場にありました。その中で、もっとも驚いた体験は、日露戦争のことをまったく知らない学生が現れたことです。

周知のように、明治三十七年(一九〇四)から翌年にかけて、日本と帝政ロシアとのあいだに戦争が勃発し、日本が辛《かろ》うじて勝利を収めるという出来事がありました。そして、この勝利によって、日本人の中の少なからざる層の間に、日本が「一流国」の仲間入りをはたしたとの錯覚が生じ(沸き起こり)、それがこの後の日本人の意識形成に多大な影響を与えることになります。

もちろん、これほど極端な学生はごく一部ですが、日露戦争があったこと自体を知らない学生がいると知って、僕はショックを受けました。さらに、織田信長が幕末維新期に活躍したと信じている学生の存在もわかり、これまたショックを受けました。

とにかく、こうしたことがいくつも重なって、ある時点から僕は、授業において格段に慎重になりました。教科書の内容を普通に理解していれば当然知っているはずだが、学生の中にはそうではない者もいるかもしれないと思い、丁寧な説明をより心がけるようになったのです。

歴史は勉強しなくてもいい？

若い人たちの歴史離れが進んだことは間違いありません。もっとも、歴史離れは若い人に限るかといえばそうでもありません。大なり小なり、中高年齢層にもおよんでいます。それと、「世間一般の人々は、歴史学もしくは歴史を随分軽く見ているな」と思わされることも、以前より多くなりました。

その最たる例が、平成二十五年（二〇一三）に、楽天の社長三木谷浩史《みきたにひろし》氏と株式会社ドワンゴの夏野剛《なつのたけし》氏が、インターネット動画サイト「ニコニコ生放送」中で対談した際の夏野氏の発言です。これは当時、ちょっとした話題になったので、覚えている方もおられることでしょう。それは、「日本人のプログラミング力を上げるうえで、別に日本史なんか教えなくてもいい」といった主旨のものであったと記憶しています。

僕は日本史研究者の一員だからといって、別にこの発言に腹を立てたりはしませんでした。ただ夏野さんの発言にどのような意図が隠されていたのかはわかりませんが、少し驚きました。というのは、プログラミングをするプログラマーにも、ある程度の日本史に関する知識は必要だろうと漠然と考えていたのが、いともアッサリと切って捨てられたからです。と同時に、僕は、様々な技術やサービスを生み出す源となる「教養」がいとも簡単に身につくと考えているらしい、そのあまりの「あっけらかんとした無邪気な発言」に、ある種の哀しみ、淋《さび》しさを覚えました。

おそらく夏野発言の背後にあるのは、日本史（歴史）を馬鹿にする気分でしょう。すなわち、日本史などは所詮《しょせん》、教科書を丸暗記して、それをそのまま答案に書けば点数がもらえる楽勝科目（暗記中心の科目）だといった式の理解からくる蔑《さげす》んだ気持ちが関係したのではないでしょうか。

現に、二〇一七年の十一月、公表されたことで、ちょっとした話題になった歴史教科書に載せる用語数を減らせとの提言も、こうしたことに関係しています。

これは、高校や大学の教員らでつくる「高大連携歴史教育研究会」が、いま現在高校で歴史を学ぶ生徒が覚えなければならない用語数があまりにも多くなったので減らすべきだと提言したものです。そして、この提言がなぜ話題になったかといえば、削減する対象の中に坂本龍馬や武田信玄、あるいはクレオパトラやナイチンゲールといった歴史上の有名人物の名前が多数含まれていたからです。

本書ではこの問題には立ち入りませんが、こうした問題が登場してきた背景には、歴史教育をなんとか人名や事項の暗記レベルから向上させたいとの現場の声があります。すなわち、歴史上の人物が実際にはたした役割や意味を考えたり、日本史と世界史の繋《つな》がりや、歴史の大きな流れをつかむ力を高校生に身につけてほしいとの願いです。

また、夏野さんが日本史不要論を発したのには、あるいは、無駄を極力省いて、効率的に物事を推し進めようとする考え方などが、関係したのかもしれません。最近ある雑誌で、歴史や文学は役に立たないと言い切る人間が出てきたと嘆く文章を見かけました。そして、この筆者は、日本社会をおおう成果主義に対して批判的なことを記していました。それは、会社や大学などで何か企画をたて、上司や国から承諾や助成金を得ようとすると、成功の保証をまず求められることへの批判でした。

考えてみれば、何か新しいことに取り組むのは、どうなるかわからないものに賭《か》けるということです。海の物とも山の物ともつかないものに、ひとまず賭けてみる。こうしたことが新しい発見に繋がることは歴史の教えるところです。当然、それには大きなリスクがともないます。しかし、失敗を恐れて、リスクを避けようとすれば、従来のあり方を踏襲するのと同じです。ほぼ確実といってよいほど、新しい発見に繋がらないでしょう。したがって、そうしたものに、金と時間を注ぎ込んでも無意味です。

プログラマーにも日本史は必要だ

ところで、せっかくの機会なので、ここでいま世界中の多くの人々を悩ませているリーダーの「劣化」に関連することを書きます。ずばりいってアメリカのトランプ政権のなによりも駄目なところは、既存のものにのみ縋《すが》っていることです。

つまり、頼りにしているのは、これまでのアメリカの経済力や軍事力であって、将来に繋がるものに投資しようという精神が見られません。結果がどうなるかわからないが、面白そうだから、ひとつ賭けてみよう。想像するだけでワクワクする、そうしたものに投資してみよう。アメリカがこれまで大発展してきた最大の要因は、こうした点にあったのに、いまやトランプ政権の下でスッカリ余裕をなくし、投資力が枯渇しつつあります。このままではアメリカの将来は真っ暗です。

さて、このことを念頭に置いて、先ほどの夏野発言に再び戻ります。夏野さんの発言には、いうまでもなく、いま現在の社会が大量のプログラマーを必要としているという現実が大いに関係していると思います。僕の知り得た範囲では、アメリカのシリコンバレーなどでは、プログラマーを養成する学校が、授業料が馬鹿高い（十二週間で日本円で約二百万円）にもかかわらず、大人気だそうです。これは、ひとえにプログラマーが不足しているためです。そして、将来的には数百万人という単位でプログラマーが不足すると予想されているらしいです。

しかし、こうした現実と「日本史など教えなくてもよい」という考えがどうして結びつくのか僕にはわかりません。むしろ反対に、外国人からクールジャパン（かっこいい日本）として大歓迎されている、日本の漫画、アニメ、ファッションを生み出してきた根源が日本の歴史過程の中にあることに改めて着目する必要があるのではないでしょうか。これらのプログラマーには日本の歴史や文化に関するそこそこの知識がないとむしろ困るのではないかと思うのですが、どうにもこうにも理解しがたいことです。

そういえば、学生と話をしていて、実に多くの学生が戦国期の武将に関わるゲームをしている（していた）ことに驚かされた経験があります。そして、中には、「森蘭丸《もりらんまる》は女性だったのですか？」と真剣に問うてきた者もいました。聞くと、どうもゲームでそのような設定をしているのがあるらしい。僕は、こういう場合はあえて応えず、自分の頭で考えて判断するようにと返事をします。もっとも、その時、僕は、そうしたゲームをつくった人たちが森蘭丸についてどのぐらいの知識を有していたのだろうと少々興味をいだきました。

そして、森蘭丸が幼少より織田信長に近習として仕えて寵愛《ちょうあい》され、十八歳で本能寺の変で信長に殉じたことを知ったうえで蘭丸を女性として設定したのなら、それはそれで面白いと思いました。いずれにせよ、森蘭丸のことを知らなければ、こういうゲームをつくることができないのだから、ゲーム開発に携わるプログラマーにも、ある程度の歴史の知識はあったほうが良いと思います。

あるいは、これは比較的最近テレビ等で知ったことですが、アイフォーン向けのゲームアプリとして「hinadan」なるものが作られました。このゲームアプリは、八十一歳の女性によって開発されたものですが、お雛様《ひなさま》を正しい位置に並べると「ぽん」と鼓が鳴るものだそうです。当然、内裏雛《だいりびな》や三人官女、あるいは五人囃子《ばやし》などをどこの段のどの場所に置くかを知っていなければ成り立たないものです。これも歴史や文化に関わるゲームの開発に属すといえるでしょう。

このように、将来プログラマーやゲーム開発者を目指す人（とくに日本人の場合）は、日本史も含め、各方面に関心を持ち、種々雑多な知識を獲得することが必要ではないでしょうか。なんのことはない、魅力あるサービスやアプリを開発するためには、アイデアの基《もとい》となる歴史的教養を含む雑学力が欠かせないということです。

過去を知らなければ現在はわからない

続いて、日本人（なかでも若者）の歴史離れが顕著となる中、歴史を学ぶことの意義について記したいと思います。

前章で、歴史学の特色は、物事を原因と結果という因果関係で把握するところにあると書きました。僕などは、歴史学を長年にわたって勉強してきて、つくづく良かったなと思えることのひとつに、この把握（認識）の仕方が徹底して身についたことがあります。

例えば、これといった趣味の無かった僕は、ストレスをうまく発散できずに、やや過度の飲酒にはしり、結果的に数年前に大腸と直腸を全摘する羽目に陥りました。ところが、こういう結果になったのは、ストレスや飲酒、それに遺伝等の問題が原因として大きく関わっただろうなと冷静に原因を見極めることができ、ついで十分に結果を「納得」しえたため、すごく楽な気分で手術の日を迎えられました。これは、ひとえに歴史学を学んだおかげだと感謝しています。

ところで、この原因と結果論に関連して、最近、興味深い話を聞きました。それは、僕にとって、ごく親しい中国人の女性歴史家から直接聞いた話です。

皆さんは、中国で起きた文化大革命をご存じですか。これは、もう随分前のことになりますが、一九六六年にはじまって一九七七年に終了した中国での政治・思想・文化に関わる大闘争です。主導したのは、中国革命運動の祖である毛沢東《もうたくとう》（一八九三〜一九七六）で、大衆を直接組織することで、自分と敵対するグループから中国共産党の実権を奪い取ろうとした闘争でした。

だが、その後、明らかにされた史実では、農民や労働者階級がとにかく知識階級を反革命分子だと敵視して、それはそれは酷《ひど》い弾圧を加えたようです。そのため、この文化大革命時に多くの人々、特に知識階級に属した人々が前途に絶望して自殺したといいます。そして、その中には、北京大学で物理学を学んでいた鄧小平《とうしょうへい》の息子も含まれたらしいです。なぜなら、彼の父であった鄧小平は文化大革命中に猛烈な批判を受けて失脚し、彼も自分の前途に失望したからです（ただし、息子はビルから飛び降りたものの死ねずに、そのあと車椅子生活になったとのことでした）。

で、彼女の話ですが、当時こうした知識階級にとっては絶望的な状況下、歴史学を学んでいた者だけが、知識階級の中で、自殺といった投げ遣《や》りな行動にでず、悠然としていたそうです。これは僕の想像ですが、歴史を学んでいると、こういうことが原因でこのような結果に今はなっているが、こうした異常な状況はそうそういつまでも続くわけがないと見通せたためでしょう。鄧小平が、その後復活して中国の最高実力者となり、現在の中国政府が取っている路線に繋がる改革開放政策を推進したことを思い起こすと、感慨深いものがあります。

そうした因果論はさておき、歴史を学ぶことで、どのようなことがわかるのか。僕は、やはりいま現在の自分が生きている時代の特色がよく理解できるようになるのだと思います。つまり、過去を知ることで逆に現代のことがよくわかるようになる。言い換えれば、過去のことを知らなければ、現代のことが十分に理解できるはずがないということです。

さらに、この点に関連して書き足すと、自分がいま現在生きているこの時代もやがて後世に乗り越えられていくだろうといったことも自然とわかるようになります。そして、このことがなによりも大事なのは、自分たちのいまとっている行動が次の世代に繋がる、つまり子孫に対して責任があるのだといった気持ちも呼び起こされることです。こうした点が歴史学のなによりも大きな特色です。

歴史から見える学歴社会のプラス面

それはそれとして、ここで一見突拍子《とっぴょうし》もないことを記すと、この国では、高等教育が急速に普及した大正・昭和期に多くの識者によってさかんに学歴社会の弊害が論じられたことがあります。これは、いわゆる偏差値の高い有名大学などを出ないと立身出世ができないあり方が、多彩な人材の登用を阻害し、結果、社会から活力を奪い、国の発展を図るうえで望ましくないといった批判に伴うものでした。もっとも、これだけ大学の数が増え、したがって卒業生の数も多くなると、学歴そのものの重みも著しく低下するので、近年では学歴社会の弊害を問題にする人もすっかり見かけなくなりました（なお、蛇足を承知で付け足すと、大学生がまがりなりにもエリートらしき存在でいられるのは、大学入学者が同世代の二割以内を占める段階までだそうです。当然、大学進学率が五割を超えるようになった今では、大学生はもはやエリートとはいえません）。

むろん、僕なども、品が良くない言葉であえて書くと、「学歴社会など糞を食らえ」という立場ですが、その一方では明治期に入って学歴社会が成立するに至ったのにはプラス面もあると考えます。というのは、前代の江戸期の社会がそれはそれは酷い「身分制社会」だったことを歴史を学ぶなかで知ったからです。

江戸期にあっては、いくら能力や意欲があっても、生まれついた身分が低ければ、ほぼ絶対と言ってよいほど国政上においてリーダーとして活躍することは望めませんでした。それが明治期に入って、士・農工商・穢多《えた》非人から成る身分制度が廃止され、居住や職業選択の自由が保証されるようになります。

もちろん、これら脱身分化策によって差別がなくなったわけではありません。しかし、このあと、たとえ貧しい階層の出身ではあっても、有力な支援者を得て高学歴を手にすることで、立身出世を遂げる者も、少数者ながら出てきます。すなわち、帝国大学や陸軍士官学校、海軍兵学校といった学校を出れば、官僚や軍人として出世できる可能性が生まれました。

僕は、これは素晴らしいことだと思います。なぜなら、前代と打って変わって、出身身分のいかんにかかわらず、能力と意欲があり、それに加えて公開試験に向けての努力をした者に、平等に門戸がひらかれたからです。むろん、それには、かなりの制約が付きまといました。やはり、子供に十分な教育を受けさせられる金持ち階級（資産家）のほうが、高学歴を手にしやすいからです。

だが、こうした欠陥はあるものの、学歴社会の持つ平等性、すなわち誰もが生まれを問われずに入学試験場という公共の場で勝利者となり、高学歴を手に入れることができれば途《みち》がひらけることも、それなりに評価すべきではないかと考えます。

実際、明治期以降の日本人は、世界的にみても、勉強してより上級の学校への進学をめざすことの大好きな国民となりました。日本が全人口に占める学生・生徒の比率で先進国のイギリスを抜くのは、明治末年のことです。これは、それだけのメリット（利点）が見いだせたからでしょう。いずれにせよ、こうした見方ができるようになるところに、歴史を学ぶ意義もあるのではないでしょうか。

2　先人の生き方から学ぶ

西郷人気の理由

さらに歴史を学ぶ意義のひとつとして、先人の生き方を大いに参考にできることを挙げたいと思います。普通、人間は、どうしても自分の周りにいる人としか接触がありません。そのため、よほど特別な環境下に生きていない限り、予想外の刺戟《しげき》（それも良い刺戟）を受けることがありません。ところが、秀《すぐ》れた歴史上の人物と間接的ながらも触れ合うことで、その人物の生き方（スタイル）や考え方の影響を受けることもあります。

僕は、昨年、西郷隆盛に関する長大な評伝を刊行しました。これは、四百字詰の原稿用紙に換算して千二百枚におよぶ分量のものとなりました。当然のことながら、西郷に関する、ありとあらゆる書物や史料等を読みつづけました。そうした中、西郷の人生から、一個人として学ぶものも出てきました。

例えば、西郷の評伝を書いているあいだ、痛感させられたのは、彼が「条理」が立たないものは駄目だという気構《きがま》え（不動の信念）を人一倍持って行動したことです。「条理」とは、要するに万人《ばんにん》が納得する正当性があるかどうかということです。そして、このような観点に立てば、一大名にすぎなかった（ただし、巨大な大名ではあった）徳川家が、単独で日本全国にまたがる政策を決定するあり方はおかしいということになります。

西郷隆盛

ついで、西郷はこうしたあり方を「幕私」つまり幕府が政治を私物化している「私政」だと批判しつづけることになります。そして西郷は、最終的には、この信念の下、徳川政権を支配の頂点に置いた旧《ふる》い体制を打倒することになりました。

僕は、こうした史実から、改めて人間は正義を問い、誰もが納得する妥当な意見を正々堂々と主張し続けなければならないといったことを教えられた気がします。もっとも、小人《しょうじん》である僕には、なかなか実行できませんが……。

また、これは、ごく個人的なことに属しますが、卑《いや》しい生き方はすべきではないといったことも、なんだか学んだような気がします。西郷の母親は隆盛をふくめた七人の子供たちに向かって、常日頃《つねひごろ》「貧乏それ自体は恥ではない。恥しいのは貧乏に敗けることだ」といった趣旨の言葉をかけていたといいます。

貧乏に敗けるというのは、生活が苦しいために、悪いことをしてでも金を得ようとする卑しい生き方を指します。西郷は真に不思議な人物で、極貧《ごくひん》家庭に育ちながら、「金、金、金」といった生き方を、その生涯にわたって、まったくしませんでした。江戸幕府を倒したあと成立した新政府の中枢にやがて座った後も、政府内の主要人物の中でほとんど彼ひとりだけが質素そのものの生活を送り、やがて郷里の城山で死ぬことになります。

そして、現代に至るまで続く国民間における西郷の圧倒的な人気の一因も、この点にあります。とにかく、西郷にはガツガツした欲望むき出しといった面がまるで見いだせません。反対に、いまの世には非西郷的な生き方が溢《あふ》れているので、自然と僕は、西郷のような清廉《せいれん》な生き方に憧れ、少しでもお手本にしようといった、しおらしい気持ちになりました。こうしたことも、歴史を学んでいる内に得られる余沢《よたく》（恩恵）かと考えます。

西郷と慶喜に見るリーダーシップ

なお、いささかしつこくなりますが、西郷の生涯をたどる旅を続ける中で、つくづく考えさせられたのは、「リーダーシップの本質とは何だろう」「リーダーとして必要な資質は何だろう」といったことです。

具体的な事例を挙げますと、西郷は、徳川家を支配の頂点にいただく体制（幕藩体制といわれます）を打倒するうえでもっとも大きな役割をはたしたあと、なんら具体的なヴィジョン（展望）を示すこともなく、突如明治六年（一八七三）に、当時鎖国政策をとっていた李氏《りし》朝鮮を開国させるべく説得にあたる使節への就任を強く主張しました。

これはどうやら自分が朝鮮の地で殺されることで李氏朝鮮を討つ名目を獲得し、そのことで二年前に行われた廃藩置県で職を失った多くの武士に活躍の場を提供しようと考えたためのようです。しかし、大久保利通《としみち》らの反対運動にあって、それが実現をみないとわかると、さっさと郷里の鹿児島に帰ってしまいました。

中央政府のリーダーであった以上、なぜ自分が朝鮮使節を志願したのか、その理由を「決断」に至るまでの過程を含め、政府関係者にきちんと説明する責任が彼にはあったのですが、とうとう最後までしませんでした。これは一国のリーダーとしては失格です。

また、西郷には配下の下級士族をはじめ、とにかく大変な「人望（＝尊敬・信頼・期待の心）」が寄せられました。いや、それどころか西郷のために自分の生命を惜《お》し気《げ》もなく差し出す者があとをたちませんでした。このようなリーダーが、日本史上でも極めて稀《まれ》だったことはいうまでもありません。だが、西郷は、その「人望」のため、結局、多くの人に担がれて、城山で死ぬ（西南戦争で自死）ことになります。

他方、幕府内での「人望」がまったくといってよいほど無かった最後の将軍徳川慶喜《よしのぶ》は、配下の幕臣のことをあまり考慮することなく「独断」で

徳川慶喜

政権返上（大政奉還）を決定し、結果的に日本を「内乱」の危機から救うことになりました。

ごく常識的な考え方では、リーダーの必須要件（資質）として「人望」を挙げる人が多いかと思いますが、実際の歴史過程を見ていると、必ずしも無条件に肯定できないことがあるのです。こうしたことを考える機会が持てたのも、やはり歴史を学んだからでしょう。

歴史の中の愛すべき人々

歴史を学んできて、つくづく良かったなと思えることをさらに挙げます。それは、やはり先人の生き方から得られるものです。僕は、歴史学を専攻する過程で、ノンフィクションの魅力にすっかり取り付かれてしまいました。「事実は小説より奇なり」という言葉がありますが、この世に実際にあったことのほうが、虚構に満ちた小説などの世界よりも、むしろ深い味わいが感じられたからです。そうしたものの中に、僕の大好きな史実があります。これは、幕末維新期の水戸藩にまつわる話です。

水戸藩というのは、本当に気の毒な藩です。なまじっか徳川御三家のひとつで、天皇（朝廷）を敬う水戸学が誕生し発達した地であったばかりに、大変な貧乏籤《くじ》をひくことになったからです。すなわち、藩内には第二代藩主徳川光圀《みつくに》（一六二八〜一七〇一）以来の天皇（朝廷）を極度に敬う尊王（皇）意識と御三家のひとつとして徳川宗家をこれまたことのほか大事にする佐幕意識がともに強く存在し、それが幕末期に対外危機が深まると、藩を真っぷたつに切りさく深刻な藩内対立を招く要因になります。

このあいだの経緯はいっさい触れえませんが、天皇（朝廷）をより大事にしようとする政治勢力と、将軍（徳川宗家）をより大事にしようとする政治勢力の両派に分かれて、互いに激しい対立抗争を展開することになりました。しかも、悪いことに、幕末時、藩権力を握った徳川斉昭の家臣に対する好き嫌いが激しく、これが藩内訌争《こうそう》をいっそう救いがたいものとしました。

その結果、自分たちと立場を異にする敵対勢力が藩の権力を掌握すれば、なんだかんだと理由をつけて殺される（もしくは殺されかねない）ことになりました。しかも水戸藩の場合は、縁坐《えんざ》法といって藩士本人の罪が妻子などにもおよぶ法体制だったので、それは凄惨《せいさん》をきわめました。

こうした中、天狗《てんぐ》党といわれた尊王攘夷《そんのうじょうい》派に属した連中が藩内訌争に敗れて京阪地域に逃れ、かろうじて難を免れた一部の者が、この地で逼塞《ひっそく》生活を余儀なくされることが起こります。ところが、その後、鳥羽伏見戦争が勃発し、今度は徳川方を支持する勢力が官軍（薩摩《さつま》・長州の両藩兵が中心でした）の前に敗れると、一気に天狗党に有利な状況が出来《しゅったい》します。ついで、諸藩に預けられていた者や牢《ろう》につながれていた者が赦《ゆる》され、京阪地域に留まっていた者とともに、意気揚々と水戸に戻ってくることになります。すると、彼ら元天狗党員によって、敵対者に対する天誅《てんちゅう》（＝天にかわって誅罰すること）と称する粛清《しゅくせい》行為が毎日のように水戸藩領内で見られるようになりました。

このような新たな状況の到来を受けて死を覚悟した人物に額賀与次衛門がいます。彼は、いつ襲われても見苦しい最期とならないように、かねてから覚悟していたのでしょう。そして、ある日、予測していたとおり、テロリストに襲われます。が、テロリストがその屋敷内に踏みこむと、当主はたった今、自分の体に刃を突き立て自害した直後でした。そして、傍《そば》には正座した妻が控えていました。

その妻（若い女性でした）の姿を見て、テロリストが仲間に当主の首を持ち帰ることをかねてから約束していたのでしょう、さっそく首をかき切ろうとしたら、その時、初めて妻が口を開いて、激しい調子でテロリストの行動を罵ったそうです。

それは、「（主人の首は）お渡し申すわけにはまいりません。この姿になっておりますものを、この上何もなさることはございますまい。しいてとおっしゃるなら、まず私から御成敗《ごせいばい》を願いましょう」と「きっぱりいい切」ったものでした。すなわち、辱《はずかし》めを受けないために自害した夫の首を落として持ち帰ろうとするテロリストの行為を、水戸藩士に相応《ふさわ》しくない卑劣なものだと痛烈に非難するものでした。その若妻だった奥さんの凛《りん》とした口調に圧倒されたのでしょう。テロリストはそれ以上の行為には出ずに引き払うことになります。そして、玄関を出る時、テロリストのひとりが、奥さんの態度によほど感銘を受けたのでしょう。奥にまだいるはずの妻に「向かって、ひと声高く、『おみごと！』といいかけて帰って行ったそうです」（以上、山川菊栄『武家の女性』）。

僕は、この話を、若き日に読んだ時、ひどく感銘をうけました。というのは、奥さんの挙措《きょそ》はむろんのこと、いまとなっては名の知れない水戸藩士（テロリスト）の挙措も、ともに素敵《すてき》だなと素直に思えたからです。

なお、後日談を若干付け加えると、彼女は、その後、「まだ乳呑児《ちのみご》だった一人息子」を女手ひとつで育てあげたといいます。そして、その「息子は給仕《きゅうじ》（＝学校や会社で雑用をした者）から苦学力行、上級司法官にまでなりましたが、親孝行で有名な人」（前掲書）だったそうです。哀切きわまりないが、作り話（フィクション）ではないぶん、人の心を打つのではと思います。そして歴史を学んでいると、時にこうした美しい話と出会います。

自分が後世でどのように評価されるのか意識する

歴史を学ぶ意義との関連で最後にぜひとも力説しておきたいのは、各界のリーダーたろうとする者は、歴史をとくに学ばねばいけないということです。僕が長年歴史を勉強してきて印象に残ったもののひとつに、江戸期から明治期にかけて生きた日本のリーダーの内の少なからざる数の者が、名を後世に残すとともに後世の歴史家からどのように自分のとった行動が評価されるかをひどく気にして生きたというのがあります。それは、多分に彼らが読んだ（学んだ）歴史書が、故人の行為を正義・罪悪の観点から断罪・論断したことによります。

中国古代の書に『春秋左氏伝』があります。これは、江戸期に生きた武士などは、ほぼ全員、若い頃に強制的に読まされた必読書の一冊です。そして、その内容ですが、これは中国の古代史に登場する人物に対して、彼らの行為を善い点と悪い点に分けて、厳格にさばくものでした。なお、江戸期にあっては歴史を学ぶというのは、中国の古代史を学ぶことに他なりませんでした。すなわち、当時の人々は、『史記』や『十八史略』『資治通鑑《しじつがん》』といった中国の古代史について記された書物を若き日から徹底して読まされ、こうした書物の中に登場する人物の行動の是非などを介して自分の考えを相手に伝えることが一般的でした。

例えば、慶応三年（一八六七）の九月七日、時の会津藩主であった松平容保《かたもり》の養嗣子《ようしし》（松平喜徳《のぶのり》）が、京都から国元の会津に帰るにあたって、容保とともに十五代将軍徳川慶喜に拝謁した際に、「御読み古しの通鑑」を「一部」拝領したそうです（『京都守護職日誌』第五巻）。つまり慶喜は、自分の実弟でもあった水戸藩出身の喜徳に対し、自ら愛読した『資治通鑑』をよく読んで治世に役立てよとの意を示したのです。

それはおき、江戸期を生きた人々（とくに支配者層）が中国の古代史をよく学んだことは、ペリー来航直後といってもよい嘉永《かえい》六年の七月段階で、徳川斉昭が江戸幕府に提出した建議書（『幕末政治論集』）などでもよくわかります。斉昭は、幕府に対し、敗戦覚悟でペリー一行に戦いを挑むべきだとの自分の考えを伝えたのですが、それは戦いになることを恐れて妥協に終始すれば、「天下の人気《じんき》」が「大いに緩《ゆる》み」、その結果、「滅亡にも至り候」と先を読んだ（予測した）ためです。そして、このような事例は、「漢土歴史（＝中国の歴史）の上に明証（＝明らかな証拠）」があるとしました。

このように、江戸期の人々は、中国の古代史を学び、そこから教訓を得、かつ自らの行動を律したのです。いってみれば、立派な樹木や栄養に富む野菜を育てようとすれば培養土《ばいようど》が欠かせませんが、その培養土に該当したのが中国の古代史に他ならなかったということです。

では、こうした類の歴史書を学び続けるとどうなるか。もちろん、全員が全員、当てはまるわけではありませんが、いま現在の自分がとろうとする行動が、後世どのように評価されるかと一瞬でも頭をよぎれば、その場だけ善ければそれで善いといった刹那《せつな》的な行動にブレーキがかかるのではないでしょうか。そして、長期的な展望に立って物事を判断しようという気持ちも生まれるのではと想像されます。

この点との関連で、最近興味深く見たテレビ番組があります。第二次世界大戦中にイギリスの首相を務めたチャーチルとナチス・ドイツのヒトラー総統との対決を描いたドキュメンタリー番組です。この番組を見ている過程で強く感じたのは、両人とも、いわゆる学校の勉強はあまりできなかったようですが、チャーチルが後世の人間の眼で、いま現在自分のとろうとしている方策の是非を検討する姿勢の持ち主だったことです。

当時、チャーチルの前任者であったチェンバレン首相などは、戦争の勃発を恐れるあまり、ナチスの侵略行為を黙認しました。そして世論もこれを支持する傾向が強かった。なにしろ、第一次世界大戦の惨状がいまだ瞼《まぶた》に焼き付いている段階だったので無理もなかったと思います。だが、チャーチルは、いずれ戦争は避けられないと判断して戦争の準備に取りかかります。そして、チャーチルのそうした決断の背後にあったのは、どうやらナチスの反人道的、反民主的な行動が「道理《どうり》」にはずれたものであり、やがて破綻するとの見通し（読み）だったようです。

ここであえて書きます。僕は、近年世界のリーダーの一員に加わった一群の人物の行動は「教養」のあまりの無さに覆《おお》われていると思います。そして、こうした人たちに共通しているのは、百年後、千年後に、自分のこれからとろうとする政策がどのような評価を受けるかという視点（英知）が欠如していることです。

旧くからある言葉に「汚名《おめい》を千歳に残す」というのがあります。汚名つまり悪い評判を千年後の世にまで伝えることを恐れる言葉です。僕の眼には近年のリーダーのあり方は、こうした自戒の精神とは掛け離れたものにしか映りません。すなわち、いま現在の自分もしくは自国の利益のみを考えて行動しているとしか思えません。そして、ほぼ間違いなく断言しうるのは、反人道的、反民主的、反環境保護的な政策をとり続けると、後世、必ず批判的な「歴史的評価」を受けるだろうということです。

したがって、リーダーたるべき存在の人は、いまは苦しいかもしれませんが、常に後世の「歴史的評価」を気にして、人道的、民主的で、かつ環境を重視する普遍的な価値観に立つ行動を自分はしているかと自問自答する必要があるかと思います。もっとも、こうした要望は、一介の歴史家にすぎない者の「犬の遠吠《とおぼ》え」に等しいものですが、指導者にとっては、とくに大事な資質だと思います。とにかく、指導者的な立場にある人物には近視眼的なものの見方ではなく、将来の評価をも見すえての施策が求められます。

第三章　「支配者の歴史」から「民衆の歴史」へ——歴史学のレキシ

1　一世を風靡したマルクス主義史観

近代史学の父ランケ

本章では気分転換も兼ねて、歴史学が誕生して以降、近年に至るまでの、いわば歴史学のレキシとでもいったものを、ごく簡単に説明したいと思います。人類の誕生以来、もちろん営々として人類の歴史は築かれてきました。しかし、専門科学としての「歴史学」が誕生したのは、それほど昔のことではありません。

一九世紀に入って、ドイツにランケ（一七九五〜一八八六）という人が登場し、彼が徹底した史料批判にもとづく科学的な歴史学を樹立して以降のことです。それまでの歴史は、いってみれば、物語のような歴史叙述にもとづくあり方が一般的で、どこまで真実であるのか、よくわからないものが大半でした。

そうした状況下にあった歴史を、ランケは一気に専門科学のひとつとまで評価されるレベルに引き上げたのです。そのため、ランケが「近代史学の父」といわれることになります。さらに一九世紀が歴史の世紀ともいわれるようになりました。

もっとも、「近代史学」が誕生したといっても、その内実は一行や二行で要約できるものでは、もちろんありません。歴史学のあり方をめぐって実に多様な意見が闘わされ、容易に意見の一致をみなかったからです。ただ、そうした中で、ずっと主流的な位置を占め続けてきたのは実証主義史学です。これは、歴史的な評価を下す前に、正確な史実をひたすら確定しようと志すものです。

日本の歴史学をリードしたマルクス主義史観

さて、ここで、僕が初級者の皆さんにぜひ伝えたいと思うのがマルクス主義の歴史観です。わが人生を振り返ってみれば、僕らが大学生時分は、マルクス主義の立場にたつ歴史観が全盛期でした。

「でした」と過去形で書いたのは、いまではそうでなくなったからです。マルクス主義史学は、第二次世界大戦後から一九八〇年代までは、日本の歴史学界をリードした（研究動向の主流を形成した）歴史観でした。これは別名「史的唯物論」とか「唯物史観」といわれ、主として人間の経済（生産）活動に焦点をあてて、人類の長年にわたる歴史過程を説明する歴史観です。

ただ、この考え方は、一九八九年の十一月に発生した有名な「ベルリンの壁」の崩壊を契機として、社会主義国が相次いで解体に向かうなか、急激にその影響力を減らしていくことになります。ベルリンの壁とは、社会主義国であった旧東ドイツと資本主義国であった旧西ドイツをベルリン市内で分断していた壁でしたが、この月の九日に多数の東ベルリン市民が西ベルリンになだれこんだのを機に、東ドイツが一気に崩壊に向かい、翌年に東西ドイツの統一が成し遂げられます。ついで、その翌年の一九九一年にソ連が崩壊し、ここに第二次世界大戦後の世界を二分していた冷戦構造が消滅します。すなわち、社会主義国と資本主義国の対立という冷戦の構造が無くなりました。

そして、このあと各種の情報が公開されるようになったこともあって、社会主義国が抱えこんでいた矛盾が徐々に露呈《ろてい》し、それまであった社会主義への憧れが吹っ飛ぶきっかけとなりました。そして、これにつれて、社会主義成立に至る歴史過程を弁証法という、独自の運動原理に立って理論的に説明してきたマルクス主義史学は誤りであったと世間一般に受けとめられ、影響力の激減を招いたという次第です（ただし、二〇〇八年に発生したリーマンショック以後、自由主義国内部でも、マルクス主義をいま一度見直そうとの動きが訪れつつあります）。

マルクス主義（史学）は、このように、いまでは絶対的権威の座から降り、歴史研究の一潮流として相対化されるようになりましたが、僕は本章で、簡単ながらも、マルクス主義史学について説明したいと思います。主たる理由は二点あります。第一点は、物事を論理的に理解する能力を培《つちか》ううえで、いまでも若い人は一度はその考え方に接しておいたほうが好ましいと考えるからです。第二点は、近年大学生と話していて、しばしば「左翼」とは何かとの質問を受けることがあり、衝撃に近い感情が自分の中で生じたためです。まさか、このような時代が来るとは予想だにしていなかったことによる衝撃でしょう。左翼とは、もちろん右翼と対の関係にある言葉です。そして、右翼のほうは、ネット上の右翼を指す「ネトウヨ」という言葉が出回っているので、若者には多少知られているかと思います。

右翼と左翼の違いは、ごく簡潔に書けば、右翼が自分の国の歴史や文化、政治の優秀さを過度に主張することで、民族としての誇りを顕揚しようとするのに対し、左翼はそうした立場から距離を置く社会主義、共産主義の考え方です。そして左翼思想の根底にある歴史観が、これから取り上げるマルクス主義史学です。

マルクス主義の階級闘争史観

マルクス主義史学は、ユダヤ系ドイツ人のカール・マルクス（一八一八〜八三）が中心となって提唱した学説です。そして、この学説の根幹にあったのが階級闘争史観です。これは、誰もが私有財産を持たず（正確には持つことができず）、平等であった原始共産制の時代を除けば、人は常になんらかの階級に属するものだとまず見なします。すなわち、大きく括《くく》れば、人間はたえず搾取《さくしゅ》（支配する）階級と被搾取（支配される）階級のふたつに属したとされました。

前者の搾取階級に属したのが、古代から順をおって書けば、奴隷所有者、農奴所有者、封建領主、資本家で、後者の被搾取階級に属したのが、奴隷、農奴、農民、商人、職人、労働者となります。奴隷と農奴の違いは、奴隷が使い捨てであったのに対し、農奴には家族が認められたことです。つまり、古代では奴隷を獲得するために戦争がしばしば仕組まれました。あるいは、結果として敗者を奴隷としました。だが、次第にそれもままならなくなります。そこで奴隷に家族生活を営むことを認め、生まれてくる子供を労働力として恒常的に確保しようとしたというわけです。

カール・マルクス

とにかく、マルクス主義史学においては、こうして人間をなんらかの階級に属する存在だと捉えました。そして、人類の歴史は、たえずこの相反する階級間の闘争によって動かされてきたのだと見なしました。すなわち、搾取階級と被搾取階級のあいだに矛盾と対立を生み出し、その後、階級間の対立抗争によって、さらに次なる段階に移行すると見たわけです。

そして、マルクス主義史学の大きな特色は、世界中どこでも基本的にはこうした、必然的に継起する歴史発展の法則にもとづいた体系の下に、科学のように歴史過程は変化すると断定したことです。

つまり、ここに歴史学は科学分野の一員に本格的に加えられることになったと評せます。それまでの歴史学は、ややもすれば、好事家《こうずか》（ものずきな人間）の勝手気儘《きまま》な解釈の世界、すなわち、非科学そのものと一般的には思われていたのが、物理学や工学などと同様の科学的世界の一員に晴れて加えられたのです。

ついで、マルクス主義史学では、先ほどごく簡単に記したように、搾取階級と被搾取階級とのあいだにはたえず階級間の闘争が展開され、この階級間の闘争によって人類の歴史は常に進歩し発展するとされました。そして、最終的には、それまで押さえ込まれていた労働者階級が資本家階級に対して勝利を収め、社会主義体制が誕生するとされました。

そして、人類史上はじめて社会主義体制が現実の国家体制として誕生した一九一七年のロシア革命以来、このマルクス主義史学が、多くの若者に支持されることになりますが、その要因のひとつは、歴史は常に未来に向かってまっしぐらに進歩し発展すると捉える、このような歴史観にあったといえます。

つまり、多くの青年にとっては、夢（希望）が持てたのです。将来、よりよい社会が到来し、幸福になれるという夢（希望）です。もっとも、マルクスが予測したように、労働者階級がやがて資本家階級を打倒してという形では社会主義は実現しませんでした。さらに資本主義は滅亡せず、また高度に発達した資本主義国家から社会主義に移行するというケースも見られません。

階級闘争史観の欠点

この階級闘争史観には、先述したように、いまだに学ぶ点があると僕は思いますが欠点もあります。そのひとつは、歴史過程の分析がどうしても勝者中心に片寄りがちなことです。なにしろ、大事なのは、次の時代をリード（主導）する階級なので、どうしてもそちらのほうに目がいく。その結果、勝者中心の発想（歴史観）とならざるをえなかった。したがって、敗者に対する視点を欠くことにも繫《つな》がります。

僕は歴史というのは、勝者と敗者の双方によって成り立つと信じて疑わないので、こうした勝者中心の歴史観には、若い時から違和感がありました。結果的に勝者側となった政治勢力も、一方的に自分たちの信じるところ（主義、主張）に沿って前へ前へと勝利の過程を歩むといったことは、現実政治ではまずありません。ましてや、折り合いをなにによりも大事にした江戸期の社会状況下などでは考えられません。

最終的には敗者の立場に追いやることになる政治勢力の動向にたえず目を配りながら、時に手酷《てひど》い敗北体験を重ね、その都度《つど》、対策をいちいちたてて動くのが、やがて勝者となる側の常です。だから、勝者側と敗者側双方の動向を視野に入れて総合的に分析し判断しないと、正確な歴史像は結べません。

また、階級闘争史観では、歴史の多様性がなかなか認められません。つまり、世界中に存在する（した）、それぞれの国や地域の特殊な歴史発展のあり方といったものが別段考慮されなかった。あまりにも画一的に、一定の法則にもとづく単線的な歴史発展の体系が当てはめられ、それにこだわり過ぎる傾向が多分にありました。

このことは、視角を変えれば（別の言い方をすれば）、個人の問題がどうしても蔑《ないがし》ろにされがちだったということです。人間は常に集団の一員としてしか見られなかった。どういう階級に属していたかがまず問題とされた以上、当然の結果だったといえます。

この点に関する思い出をここで若干記すと、僕はごく若い時分に、当時有名であった日本経済史の大家が、研究対象とする人物がどの階級に属しているかだけを基準に、その動向を単純明確に分析し解釈した、その手法に驚かされたことがあります。つまり、その人物個人や人物が属する集団が武士階級であれば武士としての利益を無条件に追求する、反対に農民階級であればやはり農民としての利益を追い求めるといった単純な分析の仕方でした。

しかし僕は、その時、納得できないものを感じました。確かに大枠では、そのようにいえるでしょうが、そこには、ひとりひとりの個性や人間関係の複雑さといったものが考慮されていないなと感じたのです。同じ階級に属すといっても、人間は個性や才能の種類が異なるので、必ずしも同類として一括しえないのではとの思いです。

新選組はマルクス主義史観では説明できない

それはともかく、こうした人間を集団の一員としてしか見ない大くくりの把握の仕方では、人間個々人のあり方や矛盾を孕《はら》む存在である集団のあり方といったものが十分に掌握できないと思います。例えば、新選組を対象として取り上げると、幕末史上最強といわれた、この武闘集団は、広く知られているように、江戸郊外の三多摩《さんたま》地域出身の非武士階級に属した人々が中心となって結成されました。

余談になりますが、僕は十代末の若かりし頃、この新選組を扱った子母澤寛《しもざわかん》の『新選組始末記』(文庫化されるはるか前のものです)に、ものすごく入れ込んだ記憶があります。この本は、昭和期の初め、東京で新聞記者をしていた子母澤(のちに大衆小説を書く作家となります)が、どうやら新聞に連載する記事の一部を担当するためもあって、当時はいまだ京都には新選組のことを間接的ながらも知っている人が存命だったので、そうした人たちの話を聞くために時に京都へと向かい、彼らから聞き出した話をのちにルポルタージュ風に一冊に纏《まと》めたものです。

この中には、父親が新選組局長の近藤勇《いさみ》と濃厚な関わりをもった人物の、近藤や土方《ひじかた》歳三《としぞう》らにまつわる憶い出話や、あるいは脱隊しようとしたために処刑された山南敬助《やまなみけいすけ》らの話が満載でした。若かった僕は、それまでテロリスト集団として片づけられていた（したがって、組織の一員としてしか見られていなかった）人々にも、個々人のドラマがあったことに惹《ひ》き付けられました。さらに、若くして死なねばならなかった人たちへの哀切の情が、同じく若者であった僕の心の中に自然と涌《わ》いてきました。だから、壬生《みぶ》の屯所跡や西本願寺など、新選組ゆかりの場所をひとりで訪ね、物思いに耽《ふけ》りました。もっとも、いまでは子母澤の「創作」話が含まれていることが明らかになりました。

それはおき、主として農民身分に属した新選組の隊士（一部侍、浪人や町人身分の者も含む）が武士に憧れ、ひたすら理想の武士像を頭の中で描き、武芸（剣術）に励んだ結果、本物（現実）の武士よりも武士らしくなった。彼らを支配下に置いた京都守護職（会津藩主の松平容保《かたもり》が就任）の記録（『京都守護職始末』）中に、「新選組、規律厳粛《げんしゆく》、志気勇悍《ゆうかん》（＝勇ましく果断なこと）、水火といえども辞せず」とあったような集団に成長させたのです。

これに対し、江戸期二百数十年間続いた平和で、本来の武士層は、軍人としての能力に秀《ひい》でる「武人」よりも、事務能力や統治能力、あるいは交渉力に優れた「官僚」が重宝《ちょうほう》されるようになっていました。戦国時代の余風の強く残る江戸初期はともかく、中期・後期になると、いかにも武張《ぶば》った「侍《さむらい》」ではなく、社交術に長《た》け、藩に経済的利益をもたらす、スマートな「官僚」としての性格が色濃い（サラリーマン化した）武士が幅をきかせることになります。

さらに、藩士とは違って、江戸や大坂など大都市での生活者が圧倒的に多かった幕臣（幕府の家来）の場合は、軟弱な都会人の趣《おもむき》を帯びた武士が多数誕生します。そうした中、突如、新選組のような「鋼《はがね》の掟《おきて》」で隊士の心身を縛り、戦いの場では逃げ帰ることを許さない剛直な武闘集団が登場したのですから、それはそれは目立つことになったのです。

ところが、先ほど挙げたような画一的なくくり方では、こうした武闘集団の登場やあり方は説明しえません。あるいは、これは、武士階級ではなく、ずっと後年の文学者の場合になりますが、資本家（地主）階級に属した太宰治や有島武郎などが、左翼活動に走ったり、自分の所有していた農場を小作人に解放したりした行為は説明しえません。

歴史を単純化する発展的歴史観

マルクス主義史学の問題点を、もう少し指摘しておきます。マルクス主義史学においては、階級闘争史観と並んで、もうひとつ、俗に「発展的歴史観」と称された魅力的な史観が提示されました。これは、先ほども一寸《ちよつと》指摘したように、過去から現在に至る人類の歴史過程の中に、一貫した基本的な筋道を見いだそうとする見方です。すなわち、人類のたどる歴史過程は歴史的必然性ともいうべき「法則」に基づいて発展していくのだとしました。

ここにマルクス主義史学が広く受け入れられた理由の一斑《いつぱん》があります。それまでは、これまた先ほども一寸指摘したように、歴史というのは恣意《しい》的な学問だとややもすれば捉えられがちでした。歴史愛好家が、自分が思いつくまま、気楽に自分の解釈を一方的に表明するものだとされがちでした。だが、マルクス主義はそれを「科学」の列に引き上げたのです。

では、そのすべての国の歴史に当てはまる「世界史の基本法則（発展段階論）」とは何か。これは、人類の歴史は、①漂泊《ひようはく》しながら、獣を狩り、魚を捕り、木《こ》の実などを採集する未開・後進的な段階（原始共産制）から、②定住して、農業・牧畜を行う中進的な段階（古代奴隷制・中世封建制）に移行し、最終的には、③工場に勤めたり、各種の産業に従事する人々を生み出す先進的な段階に達するというものです。

また、食べ物や衣類を自分たちで賄《まかな》う自給自足経済の段階から、余剰《よじょう》生産物の販売を通じて貨幣・商品経済の段階へ移るともされた。すなわち人類は、こうして、未来に向かって、然るべき段階を経て進んでいき、最後は共産主義にいきつくのだとされたのです。

だが、こうした見方に対しては、本来マルクス主義史学の立場にたつ研究者のあいだからも批判が生じました。例えば、「農耕社会になったからといって、狩猟や漁撈《ぎょろう》あるいは採集が行われなくなるわけではない」「人間の生活には、漂泊も定住もともにあり、どちらが未開どちらが進歩などとはいえない」「モノを生産しない商業や金融などの活動は、人類の歴史とともに古い」といった批判がそれに該当します（網野善彦『「日本」とは何か』）。さらに、右のような考え方が第二次世界大戦後、農業や牧畜に従事する人々を不当に馬鹿にし、工場や会社などに勤務する人々をより上位に位置づける風潮を生み出したのだとの批判が加えられました。

また、マルクス主義史学では、社会的生産関係や生産力（社会の経済構造）が重視されたので、どうしても農村の構造を分析することを重視する農村主義となりました。そして、資本主義が生みだされるに至る筋道が提示されました。すなわち、このような考え方です。

一八世紀以降、貨幣・商品経済の浸透・発展によって、農民階級のあいだに豊かになる者（富農）とそうではない者（貧農）の分解が生じ、前者の中から資本家への、後者の中から賃金労働者への道を、たどる者が出てくるというものです。とにかく、こうした問題意識が中心となった結果、都市や商人あるいは流通等を対象とする研究が疎《おろそ》かになりました。そのため、この方面の研究を重視する歴史家からの批判もやがて寄せられることになります。僕は、こうした諸々の批判は、いずれも説得力があると思います。

さらに、いささかしつこくなりますが、僕などは、マルクス主義史学の描いた見通し（図式）は大変わかりやすいものの、歴史過程をひどく単純化して、ひとつの見方しか許さなかったため、かえって歴史そのものの魅力を半減させたのではないかと考えます。

すなわち、歴史というのは、大変複雑な要素を含み、その分様々な観点があり得るからこそ面白いのだと思います。もっとも、このことと、できるだけわかりやすく、それを説明する努力が必要なこととは違います。

マルクスの歴史分析を批判的に読み解いた成果

最後にやや難しい内容となりますが、かつてマルクス主義者の立場から、マルクスの主著である『資本論』や『経済学批判』を批判的に読み解く（新しい解釈でのぞむ）ことで得られたすぐれた成果を紹介します。

僕の旧《ふる》くからの研究仲間に佐々木《ささき》寛司《ひろし》さんという人がいます。彼は、マルクス主義史学の全盛期にあって、マルクスが描いた歴史過程についての見通し（あくまで仮説です）を絶対的真理だとして、批判を許さないかのような時代風潮が強いなか、健全な批判精神を発揮して、大きな成果を獲得しました。なかでも、僕が面白いなと思ったのは、「自由な労働力」がいかにして生み出されたかをめぐる問題へのチャレンジでした。

マルクスは、『資本論』の中で、資本主義的生産が成立する要素を三つ挙げています。

資本（事業をするのに必要な基金）と土地と、いまひとつ「自由な労働力」です。「自由な労働力」とは、封建領主から強制されて労働に従事するのではなく、自分の意思（希望）で自らの労働力を資本家に売り、その対価として金銭を受け取る労働力のことです。建前《たてまえ》からすれば現代の労働者と同様のあり方です。そしてマルクスは、こうした労働者をプロレタリアートと名づけ、プロレタリアートの創出をもって資本主義の形成時と見ました。

若き日の佐々木さんが問題としたのは、この「自由な労働力」がいつ生み出されたのか、創出される時期（段階）です。マルクスは『資本論』の中で、イギリスの毛織物工業を対象に分析を試み、直接生産者が大量にプロレタリアートへと転化する段階を一五世紀末から一六世紀にかけて展開された第一次囲い込み運動（エンクロージャー・ムーヴメントともいいます）時だと断じました。

すなわち、ヨーロッパ（なかでもイギリス）では毛織物工業の世界市場が成立したことを受けて、原料となる羊毛がいっそう求められる事態が出現します。ついで多くの羊を飼うため、農民からの土地収奪が進行します。そしてマルクスは、この段階で土地を失った農民がプロレタリアートへと大量に転化し、それが「自由な労働力」の創出時だと見たわけです。

しかし、こうした見解を佐々木さんは真っ向から否定し、第一次囲い込み運動の段階では、いまだ働く場がなかったため、土地を奪われ没落した農民の多くは、失業者、強盗、浮浪人等とならざるをえず、「自由な労働力」はいまだ出現しえないと見ました。そして、そのうえで「自由な労働力」が誕生するのは、一八世紀後半から一九世紀はじめにかけて展開された第二次囲い込み運動時だと判断したのです。すなわち、この段階に至ってはじめて、資本家的生産関係が成熟してきたこともあって、相変わらず土地を奪われ続けていた没落農民が「自由な労働力」へと転化しうる条件が整ったと考えました。つまり工場などで働く（働ける）ようになったということです。

ところで、このような指摘が重要だったのは、イギリスと日本の歴史過程は、それまで考えられていたほど発展段階の差はなかったとの見通しが持てるのに繋がったことです。当時は、先進的なヨーロッパ（なかでもイギリス）対はなはだ遅れた日本という対立の図式で、日本の歴史が捉えられていました。そして、こうした考え方の背後にあったのが、日本人の欧米人に対する根深いコンプレックスでした。

つまり、同時期の日本は、フランスのように、民衆が主体となって革命を起して「自由」を手に入れた国などとは違って、旧態依然とした封建制のレベルに止《とど》まっていたとの認識に縛られていたのです。だが、佐々木さんが、先進国中の先進国であるイギリスあたりでも「自由な労働力」が誕生するのはうんと遅いのだと指摘したことで、日本との差が一気に狭《せば》まりました。

というのは、氏によると、第二次囲い込み運動時は日本では江戸時代の後半に当たり、一九世紀以降、問屋制家内工業が出現するなか、商品作物をつくるための土地収奪が進行し、やはりイギリスと同様に土地を奪われた農民が徐々に労働者へと転化していった時期にあたっていたからです。つまり、こうした事実から、「自由な労働力」の創出という点では、日本とイギリスの歴史は驚くほど似通っているとの結論が導き出されました。

僕には、当時も今も、この見解がはたして妥当か否か判断がつきませんが、その後、川勝平太《かわかつへいた》さんによって進められた研究（薄手のインド木綿の模倣に成功したイギリスと、厚手の中国・朝鮮産木綿の模倣に成功した日本は、ともにインドと中国をそれぞれ盟主とするアジア文明圏から経済的に自立するという似通ったコースをたどったと指摘したもの）などを知るにつれ、いっそう、その先見性に感心させられました。そして、学問の面白さというのは、こうした壮大で、かつ自由な発想が随時できることによると改めて思い知らされました。

2　多様化する歴史学

新しい歴史学

マルクス主義史学に続いて、これから非（反ではありません）マルクス主義史学の立場にたつ歴史分析の手法のいくつかを紹介することにします。そうしないとバランスを欠くことになるからです。

前掲の歴史学の特色の項では触れなかったのですが、歴史学の基本（根本）的な特色のひとつに変わり身が早いというのがあります。歴史学が人間や社会全般を研究対象としていること、その人間や社会はどんどん変化していることはすでに触れました。とくに近年は、大袈裟《おおげさ》ではなく、日々変化しているとまでいってよいかもしれません。

歴史学は、このように、どんどん目に見えて変化していく人間や社会を相手に研究するのですから、いきおい研究対象を分析する視角や手法もそれにともなって変わらざるをえないのです。つまり、表現の仕方が適切かどうかわかりませんが、カメレオンのような学問です。

世間一般の人々は、歴史学は古い時代を対象としているので、硬直した姿勢で取り組んでいるのではと思われるかもしれませんが、なんのことはない、柔軟性を要求される学問です。

例えば、分析の俎上《そじょう》に載せられるものは、従来は文献史料が大半でしたが、いまでは絵画（錦絵等）や絵図、写真など視覚的な史料が多く対象となっています。また分析の手法も多様化しています。代表的なものをひとつだけ挙げると、比較的近年に登場し、いまでは歴史学研究において主流の座の一角を占めるまでに至ったものに歴史人口学があります。これは、コンピューターの開発と進歩を受けて登場してきたものです。では、なぜ歴史人口学というのか。歴史を勉強していくうえで、我々が最も知りたいもののひとつは人口状況です。そして、この点の解明にコンピュータが絶大な効力を発揮します。

名もなき一般人が主役の歴史学

ところで、これは何も歴史学に限りませんが二〇世紀の学問の大きな特徴は何かわかりますか。それは、歴史を「英雄」ではなく、名もなき一般人を主役の座にすえて見ていこうとの考えが急速に広まり、市民権を得ていったことです。

確かによくよく考えれば、いつの時代も、どのような地域でも、生産活動に従事し、社会を根底から支えているのは民衆です。したがって、民衆の動向を中心に歴史を見ていくというのは、極めて当然であり自然な考え方です。そこで二〇世紀に入ると、それも半ば近くになると、社会史という歴史の分析手法が大人気となります。これは、民衆の日常生活に着目して歴史を見ていこうとするものです。

日常生活というのが、ポイントになります。つまり、従来の英雄、有名人、エリート中心の歴史でも、もちろん民衆は登場します。しかし、それは往々《おうおう》戦争をはじめとする動乱に巻きこまれたり、飢饉《ききん》や災害に苦しめられたりする「非常時」の民衆の姿でした。しかし、そうではなく、ごく普通の民衆の平時の姿を分析することで、何がいえるのかといったことを重視する歴史の見方が支持を集めるようになりました。

歴史人口学は、大きく括れば、このような新たな問題意識の台頭と関係（連結）しています。すなわち、一般大衆がどのような日常生活をおくっていたのかを人口の観点から探ろうとしました。これは民衆ひとりひとりの動向やその個人的な考え方などを窺《うかが》うに足る史料が、とくに前近代では洋の東西を問わず、ほとんどないことに、そもそもはよりました。

民衆は概して日々の生活に追われていたので、のんびりと自分の周りに起こった出来事などを記録する余裕がなかったからです。それに第一、文字の読み書きが十分にできない人が大半でした。そのため、集団としての民衆のあり方を研究しようということになり、その対象となったのが人口だったのです。

歴史人口学はヨーロッパの地で研究がはじめられました。そして、目をつけられたのが、教会が所有していた膨大な文書です。というのは、キリスト教徒が圧倒的多数を占めるヨーロッパでは、人々はこの世に誕生したあと、洗礼、婚姻をへて埋葬されるまで、カトリック教会などとずっと関わりを持ちました。そして、こうした記録が数百年にわたって教区の簿冊《ぼさつ》に大量に残されました。これに目をつけたのがフランスの人口学者であったルイ・アンリです。彼は、第二次世界大戦前後に教会所有の記録の調査に取り掛かりました。

もっとも、この段階ではいまだコンピュータは普及していなかったので、文献カードを作成し、それに信者の生年月日などの必要事項を記入していくという気の遠くなるような手作業からはじめました。ついで、一九六〇年代に入り、コンピュータの性能が格段に良くなると、文献カードに代わってパソコンに必要事項を入力し、そのあとデータの解析を試みるようになります。いうまでもなく、IT機器の強みは、大量の史料を迅速かつ正確に処理できることです。こうしてヨーロッパで本格的にはじまった歴史人口学の研究で、それまでの常識を覆《くつがえ》す発見がいくつももたらされることになります。

どうしても人間は先入観というものから逃《のが》れがたいのですが、コンピュータはそうした先入観などおかまいなしに、どんどん客観的なデータを我々に提示します。結果、当時の人々を驚かすような知見が得られました。

例えば、①近代以前の家族制度については、なんとなく大家族制が一般的だったろうと思われていたのが、そうではなく、現代人と同様、核家族が一般的で、大家族はむしろ少数派であったこと、②ヨーロッパの人々は早死したので、子孫を残すために若くして結婚しただろうと思われていたのが、そうではなく、近代以前から晩婚であった（男女とも二十代後半になって結婚していた）こと、などがわかったのです（落合恵美子「序章　徳川日本のライフコース」）。

日本における歴史人口学の史料「宗門人別改帳」

なお、日本でも一九六〇年代から歴史人口学の研究が開始されます。先鞭《せんべん》をつけたのは、文化勲章をのちにもらうことになる経済史家の速水融《はやみあきら》さんです。速水さんは一九六〇年代にヨーロッパに留学して歴史人口学に出会うのですが、帰国後にカトリック教会所蔵の簿冊に匹敵する史料と遭遇します。それが何かといえば、江戸期の日本人すべてが登録された「宗門人別改帳《しゅうもんにんべつあらためちょう》」でした。

「宗門人別改帳」は、江戸幕府がキリシタン禁制のためにはじめた信仰調査の記録です。そして、この中には、家族の名前や年齢はもちろんのこと、生年月日や死亡時、あるいは結婚に止まらず、場合によっては奉公に出た際の記録なども含まれました。その結果、何が明らかになったかといえば、それまで江戸期の農民は、封建領主によって土地に縛りつけられたうえで搾取され、さらに飢饉等も発生したため、極度の貧困にあえいでいたイメージが強かったのが、必ずしもそうではなかったという事実です。

すなわち、①出稼ぎ（奉公）や旅行でけっこう村の外へ出ることも多かった（都市の生活を知っていた）こと、②一八世紀初頭までは驚くほど人口が増加したが、その後に目立った増加を示さなかったこと、③江戸期の日本人は離婚する男女は少なかっただろうと漠然と思われていたのが、そうではなく、当時のヨーロッパや中国よりも離婚が多かったこと、④そのうえ女性にとっても離婚がタブー視されず、女性（家）の側からの申し出で離婚となったケースも多かったこと等を示すデータが打ち出されました。

なかでも、幕末維新史を専攻する僕が興味深く感じたのは、江戸時代の後半になると西南日本の人口が増大するとの指摘でした。つまり寒冷な東日本地域の農村に比べて、気候が温暖で米麦二毛作も可能な九州地域など西南日本の農村のほうが、はるかに一家族当たりの子供の数が多くなったことが指摘された。そして、速水さんらのグループは、こうして西南日本地域の人口が増大したことが、それら諸藩に対策を迫り、それが西南雄藩（薩摩《さつま》、長州、土佐、肥前といった有力藩を指します）の台頭を招来したのだと結論づけました。

すなわち、人口増大という至急解決を迫られる深刻な危機を前にして、人々を飢えから救うべく就業させるために産業奨励策などを実施せざるをえず、それが西南雄藩のその後の台頭に繋がったと見たわけです。幕末維新史の中でも政治史を専攻する僕には、このような視点はそもそも無かったので、事の当否は別として、大層《たいそう》面白く感じられました。

国境を超えた歴史学へ

現代の歴史学の特色について、さらにもう少し付け加えると、次のようなこともいえます。それは、広範な視野とそれにもとづく問題の設定が求められているということです。

具体的に記すと、これまで、長いあいだ、それぞれの国を中心とする各国史を総合したのが、世界史だとされてきました。つまり、日本史、中国史、アメリカ史、フランス史などの一国の歴史を総合したのが世界史だというわけです。ところが、かなり前から、こうした境界線で分けられた各国の歴史を個別に結びつけて世界の歴史を振り返るのではない世界史が登場し、徐々に支持を広げています（ロナルド・トビ「末尾からみた最前線」）。

例えば、そうした方面の古典的な研究として有名なのは、ブローデルの地中海世界の研究とK・N・チョードリーのインド洋世界の研究です。前者は、地中海世界という国家を超えた広大な空間を設定し、その周りに集う多くの人種（ラテン人、アフリカ人、アジア人など）や諸宗教（カトリック、ギリシア正教、イスラム教、ユダヤ教など）を互いに絡みあうものとして総合的に捉えた研究です。後者は、インド洋という、これまた、はっきりとした境界線を描きにくい海洋の周りに集う多くの人種（アジア人、アフリカ人など）や諸宗教（イスラム教、ヒンズー教、仏教、土着宗教など）のやはり絡みあいの中で歴史を見ていこうとしたものです。
いずれも、従来の固定的な枠組みの中で歴史過程を振り返るといった研究ではなく、海（洋）を取り囲む広大な地域間の交流といった観点から歴史を全体史として把握しようとする、文字通り画期的なレベルでの歴史研究と評していいかと思います。
こうした研究動向は、むろん日本の歴史学者にも大きな影響をおよぼしました。太平洋を渡った日本人移民に関わる研究などがそれに該当します。その他、ほんの一例だけを挙げると、一四世紀半ばから一五世紀はじめにかけて猛威をふるった倭寇《わこう》に関する研究なども該当するかと思います。倭寇とは、昭和四十年代の末に出版された辞典に、「鎌倉末期から室町時代に朝鮮半島や中国大陸沿岸を襲った海賊に対する朝鮮・中国側の呼称」とあるような存在です（『角川日本史辞典（第二版）』）。すなわち、かつては東シナ海をまたいだ日本の海賊とされていたものです
もっとも、日本人研究者の場合は、史料を丹念に分析して、倭寇と称されてはいるものの、中国人（明《みん》の乱民）など日本人以外も多く参加している事実を指摘しています。だが、こうした指摘に対し、中国や韓国の研究者は、略奪や誘拐などの残虐行為を行っ

た日本人の集団だと主張して譲りません。さらに、そのうえで日本人研究者が日本人の加害の事実を軽視し、歴史を歪曲《わいきょく》しようとしていると批判を強めました。これに対し、日本人研究者も、日本人のみを加害者とする見方は行き過ぎだと反論するのですが、なかなか聞いてもらえません。

海洋を挟《はさ》み、周辺の民族や国家間の関係の中で歴史過程を見ていこうとする研究では、いま挙げた事例研究からも明らかなように、たったひとつの言語だけでは対処しえません。僕らが歴史研究に取り組みはじめた頃は、外国語が苦手だから西洋史や東洋史を避けたという連中も多く、他ならぬ僕もそのひとりだったのですが、近年ではそうはいきません。

日本史の研究者といえども、英語はもちろんのこと、中国語や韓国語にも通暁《つうぎょう》していなければならなくなりました。なお、さらに指摘すれば、二〇二二年度から高校で日本史と世界史を融合させた『歴史総合』が必修科目として教えられるようになった（予定）のも、むろん、こうした動向と無関係ではありません。

第四章　学校では教えてくれない日本史
――歴史学はこう考える

さて、これから再度の息抜きをかねて、しばらく歴史を学んで得られる雑知識をいくつかアトランダムに選んで紹介して、皆さんが中学や高校の教科書などで学んだ戦国期から幕末期にかけての歴史的知識の背後に控える問題を解説することにします。そうすることで歴史学が面白くて頭を使い、研究者のセンスが問われる学問だということを改めてお伝えしたいと思います。

1　戦国期～幕末期を考える

なぜ各地の戦国大名の墓が高野山にあるのか

僕はなによりも史料を読むことが好きですが、最近、「へえ、そうなんだ」と思えた情報があります。若くして徳川御三卿《ごさんきょう》のひとつである田安《たやす》家から家門《かもん》（徳川の親族。親

松平春嶽（慶永）

藩）の名家である越前福井の松平家に養子に入った松平春嶽《しゅんがく》（慶永《よしなが》）なる人物がいます。この人は幕末史上に大きくその名を残したのですが、天保九年（一八三八）に福井藩の第十六代藩主となりました。そして、この春嶽には明治十年代半ばに書き記した「真《み》雪《ゆき》草紙《ぞうし》」という随筆が残されています。

　これを最近読んでいたら、こんな話が載っていました。そもそも、この春嶽は少年時から聡明で、なんにでも興味を覚える子供だったようです。そのため、高野《こうや》山《さん》に歴代の福井藩主の墓があることに疑問を抱いたといいます。そりゃそうでしょう。なにも和歌山の高野山にわざわざ墓を作らなくても、福井の地にいくらでも墓を作れる土地があったのですから。

　それで、この若き殿様は、家臣にその理由を尋ねたらしい。すると、高野山に歴代藩主らの「分骨」「位牌《いはい》」（死者の戒名《かいみょう》を書いた木の札）」「遺髪」などを送っている理由についての説明がなされます。それによると、こうしたことは、すでに戦国時代からなされていたとのことです。で、僕が面白く感じたのは、なぜ金も手間もともにかかるのに、そのようなことをするようになったのか、その理由です。

これは、ごく簡単に記せば、この時代は周知のように、たとえ「国主（＝その土地の領主）」といえども「永世国主」の座は当然のことながら保証されてはいませんでした。すなわち、戦国期にあっては、自分の「行末《ゆくすえ》」がどうなるかわかりがたかった。そこで自分の領国に墓を作っても、次なる戦いに敗れて領国を失えば、新しい領主が自分の「葬所」を掘り返し、どこかに自分の「遺骸《いがい》（＝遺体）」を捨て去るとも限らなかった。そのため「遺骨」か「遺髪」を高野山に納めておけば、「永世（菩《ぼ》）提《だい》の事に患《うれい》なく、供養料《くようりよう》さへ寄附して置けは永世安心也」と考えたというのです。

「成程《なるほど》な」と思いました。そして、こうした思いは、全国各地の戦国大名およびその家族のそれでもあったらしく、春嶽の筆によれば、「戦国の諸侯は、大概《たいがい》、高野山に遺骨か遺髪を納むる事は、当時の慣習」となったのです。ついで、この慣習は江戸期にもどうやら受け継がれたらしく、春嶽の「亡父の位牌等」も高野山に送られたそうです。

ところで、こうした史料からは様々なことが読み取れます。その一は、戦国期の権力闘争がいかに凄《すさ》まじかったかということです。戦国期に関しては、「下剋上《げこくじょう》」という言葉でもって、その時代風潮がしばしば語られますが、絶大な権力を誇る者といえども、明日のわが身の保全が信じられなかったのでしょう。それがこうした行為に繋《つな》がったことがわかります。

さらに人間（なかでも権力者）にとって、いかに死後の世界が大きなウェイトを占めているのかも判然とします。とにかく、こうした背景があって、まず絶対に廃寺にならないだろうと思われた高野山（現に今のところそうです）に遺骨や遺髪が集中的に納められることになったというわけです。なんだか僕には、京都や東京などの有名な大寺院（すなわち、ほぼ絶対に潰《つぶ》れないだろうと思われる存在）に、比較的安いということも手伝って、ロッカー式の墓を買い求める現代人があとを絶たないのも、程度の差こそ違え、同様の心情によるのかなと思えて、興味深い史料でした。

秀吉の刀狩りと江戸時代の農民

続いて、同じく、やはり戦国時代に関わる問題です。日本史上でも特筆すべき施策だったとされるものに、豊臣秀吉によって行われた有名な検地と刀狩りがあります。これは、教科書でもかなりの行数が割かれている事項なので、国民の多くが知っていることです。そして、教科書やその基となる研究書には、だいたい次のようなことが書かれています。

それは、戦国期に各地の大名によって行われた兵農分離策が封建制の基礎であること、ついでその総仕上げとでもいうべきものが一六世紀の末に挙行された太閤《たいこう》検地と刀狩りであったこと、秀吉が実施した太閤検地は日本全国の土地生産力を石高制《こくだかせい》（後述します）でもって把握した画期的な政策であり、この太閤検地で算出し登録された村高が年貢賦課の基準高となったとするものです。

すなわち、太閤検地の時に作成された検地帳に名前が記された者が農民として耕作権を認められるとともに、半面、武士化する（つまり領主化の道をたどる）ことを否定されたと見ます。より詳しく書けば、農業生産の場から引き離された者は武士として兵役の義務に専念することになり、農民（百姓）は逆に兵役の義務から解放されて農業生産に専念してもっぱら年貢を負担することで、武士の生活を支える役割をはたすようになるという兵農分離の体制が確定したとするものです。

なお、江戸末期の薬種・醤油《しょうゆ》醸造業者で国学者でもあった色川三中《いろかわみなか》（一八〇一〜五五）などは、秀吉がこのような政策を採用したのは、朝鮮出兵のためであったと見ました（『片葉雑記』）。つまり、出兵にあたって多くの兵士を動員するための軍役《ぐんやく》賦課の基準を確定する必要があったからこそ、このような政策を秀吉は施したのだと見たのです。確かに、朝鮮へ出兵する兵士の武装費用等を、兵役義務から解き放した農業専従者に負担させる基準を至急確定する必要が秀吉にあったことは否めません。

それはおき、右のような評価が教科書に採用されたため、皮肉なことに誤解が生じることになりました。江戸期の農民は鉄砲や日本刀といった武器とは、いっさい無縁な生活を送ったとの誤解です。すなわち、秀吉の刀狩りによって、鉄砲や日本刀といった武器は、最終的には農民専属身分となった者の手から全部取り上げられた、と勘違いしている国民は非常に多いです。

実は、江戸期の村々には、鉄砲や日本刀は、かなりの数存在していました。なぜか。

いま現在の日本社会では、過疎化の進行にともなって、鹿や猪《いのしし》、猿といった、いわゆる野生動物による田畑の作物荒《あら》しが深刻な問題になっていますね。それに、悪いことに、超高齢化社会がこれまた急激なペースで到来したことで、これら野生動物の駆除に当たる猟師の数も極端に減少してしまいました。

都会暮らしの人にはわからないと思いますが、これら野生動物は賢く、たえず人間の動向を注視しています。そして、自分たちに危害を加えないと判断すれば、真に横着《おうちゃく》な行動に出ます。例えば、猿などは老人の女性が近くにいても、いっこうに平気です。なにもできないことを知っているからです。ところが、男性（とくに若い）が近くにいると警戒して近づいてきません。敵もサルものです。とにかく、現代の日本列島ではいずこも過疎化の進行と超高齢化社会の到来が合わさって、野生動物による作物の被害が目立つようになったのです。

むろん、江戸期にも鹿や猪、猿といった農民を悩ます野生動物はたくさんいました。そして、こうした野生動物たちは、いま先ほど記したように、たえず人間の動向に目を配り、人間サイドが自分たちに危害を加えないと判断すると、人間からすれば図々《ずうずう》しい行動に出るようになる。そこで農民たちも、自分の作っている農作物に手を出すと痛い目にあわせるぞという意思表示を、たえず発信し続けねばならなくなります。

その時、一番有効な手立ては鉄砲の使用です。これは、音響効果のみならず、実際に動物側にも死に至るダメージを与えるので、効果は抜群でした。したがって、農民サイドは常に傍《かたわ》らに銃を常備していなくても、必要な時には代官（幕府）や藩に申請して銃を借用するといったことを繰り返していました。

また、これは、やや特殊な例に属しますが、江戸期においては熊の胆《きも》は薬として大変尊重され、高い値で取り引きされました。そのため、熊の胆および肉を取ることを生業《なりわい》としていた百姓身分の猟師も東北地方にいました。マタギといわれた人々がそうです。彼らは鉄砲の所持が認められる代わりに熊の胆を藩に上納しました。そして戊辰《ぼしん》戦争（一八六八〜六九年）では、山の地理に精通しているということで、東北各地で展開された戦闘に動員されました（菊池勇夫「徴発と兵火のなかの北東北の民」）。このように、江戸期の人々にとって、鉄砲はごく身近な存在だったのです。

なぜ一揆で鉄砲が使われなかったのか

こうしたことは普通に考えれば、誰でも納得できることですが、なにしろ刀狩令で農民から武器を取り上げ、兵農分離を実施したことで、近世の身分制社会の礎《いしずえ》が築かれたと、頭に擦《す》り込まれているので、案外右のような当たり前のことに気づかないのです。

そして、この点との関連でぜひここで取り上げておきたい問題があります。それは、鉄砲を所有していたにもかかわらず、江戸期の農民はなぜ百姓一揆《いっき》で鉄砲をまったく使用しなかったのかという問題です。

江戸期も百年以上が経過した一八世紀に入ると、年貢の減免や高騰した米価の値下げなどを求めて、百姓一揆や打ちこわしが多発するようになります。そして、これには、もともと江戸期の社会が、石高制という、農民が米を生産し、その米を貢租として受けとった武士階級が商人にそれを売却して生活するという、米を基本的な財貨としたあり方だったことが大きく関わりました。

すなわち、戦国期がようやく終わり、平和な時代が到来すると、幕府のみならず、全国各地の大名は、競って耕地面積を拡大し、米を生産する技術を磨いていくことになります。その結果、米の生産量が飛躍的に増大し、日本史上はじめて、農業に携わらないで済む多くの人々を生み出すことになります。つまり、農業以外の仕事に従事する人々にも十分供給できるだけの「余剰米」が生産されるようになったのです。

ところで、ここで一寸《ちょっと》余談を添えますが、このことが逆に飢饉《ききん》を招くことになったのだと見る説があります。通常、飢饉というのは、世界史の常識から言えば、凶作が発生し、ついで穀物の値段が高騰することで貧しい人々が穀物を買えずに餓えて苦しむ状態を指します。だが、江戸期半ば以降の日本で発生した飢饉は、そうした常識的な原因で発生するのではなく、様々な産業に就く人々が誕生し、そうした人々が米を日常的に購入するような生活が広まったからだと見なすのです。

つまり、著しい貨幣商品経済の発展を背景に、自ら米を生産するのではなく米を購入するような人々が多く誕生するなか、天候不順によって米がとれない事態が生じると一気に米不足となり、それが飢饉に直結したのだと考えるのです。これは、貧しいがゆえに飢饉が発生するのではなく、むしろ当時の社会が近代に向かう途上（過程）にあったがために起った出来事だとする見解で、それまでの、いわば常識と相反するものですが、確かに一理あるように僕には思えます。

いずれにせよ、江戸期の日本は、いまとは違って、圧倒的に米穀中心の社会でした。そして、米が主食であった以上、基本的には米の値段（米価）は安く押さえこまれます。ということは、米の生産量を増やす以外に、領主階級には打つ手が基本的にはなかったのです。だが、皮肉なことに、領主が米の増産に努め、米の生産量が上がれば上がるほど、米価は需要と供給の関係で逆に下落します。そして、この点が領主階級にとって悩ましいところでした。

反対に、江戸期の領主は貨幣商品経済の渦の中にどんどん巻き込まれていきました。必要なものを金を出して購入しなければならなかったからです。そして、いつの時代でもそうですが、商品の生産者は付加価値のあるものを生み出し、それを領主サイドに高く売りつけようとします。当然、領主財政は極度に悪化していくことになります。ついで、その打開策として、領主側は年貢の増徴によって、危機をひとまず乗り越えようとします。その結果が百姓一揆や打ちこわしの増加に繋《つな》がりました。

思わず説明が長くなりました。本題に戻ります。農民階級は武器となる鉄砲や日本刀を所持していたにもかかわらず、なぜそれを百姓一揆や打ちこわしの際に使用しなかったのか。百姓一揆の参加者や打ちこわし勢が鉄砲を使用した事例は、少なくとも僕の知る限りではありません。主たる武器として使用されたのは竹槍《たけやり》、鎌《かま》、鍬《くわ》、斧《おの》です（幕末段階になると、現在の石川県や富山県地域に住む民衆が鉄砲を手にして富裕者や米穀商の家などの打ちこわしに参加したことを記す史料〔『加賀藩史料―幕末編上巻』中の安政五年七月十一日条〕もありますが、実際に使用されたとは書かれていません）。そして、領主側も一揆・打ちこわし勢に対して、発砲した事例はほとんどありません。皆無に近かったといってもよいです。

そうしたなか、数少ない例外のひとつが、天保の飢饉が深刻となった幕末期に、現在の山梨県地域で、一揆・打ちこわし勢に対して領主側がいきなり発砲（ただし空砲）し、ついで実際に実弾が発射された件です（須田努『幕末の世直し　万人の戦争状態』）。

こうしたことは、世界史的に見ても稀有なことだといってよいでしょう。諸外国では、鉄砲などという、相手側（対立勢力）を十分に押さえ込める殺傷能力の高い武器が手元にあって、それを使用しないという手立《てだ》ては考えられないことでした。が、江戸期の日本ではこうしたことはまず無かった。

それはなぜか。おそらく、近世の日本人は、一揆側も領主側もともに鉄砲を使用すれば、果てしない殺戮《さつりく》戦となって、かえって救いようのない結果になることを十分に知っていたことによると思います。また、それに加え、領主側としては、農民を大量に殺戮すれば、彼らが義務として求められていた統治能力が無いとして、徳川政権によって御家断絶処分に追いこまれる危険性が大であった。

いずれにせよ、こうした諸々のことが、悲惨な結果を招かないで済んだ要因になっただろうということです。そして、これは日本人として、我々の先祖は激情に身をまかせることなく、節度を守って生きた素晴らしい人々であったと受けとめて、大いに誇ってもよいことではないでしょうか。

朝鮮通信使の不思議

皆さんは、江戸時代に朝鮮から計十二回にわたって、主として将軍の代替りごとに使節が日本に派遣されたことをご存じですか。これは、だいたい一回につき三百人から五百人が来たようですが、高校の日本史教科書などでは長らく江戸期の日本と朝鮮との対等な友好関係の象徴とされてきたものです。

そして、その際、江戸中期に対馬藩の儒学者として朝鮮通信使の世話をした雨森芳洲《あめのもりほうしゅう》（一六六八〜一七五五）がしばしば取り上げられます。すなわち彼は、江戸幕府から朝鮮との外交交渉を委託された対馬藩の使節として朝鮮に赴いた経験等から、誠実な態度でもって同国と付き合うべきだと主張したことが教科書などで紹介されています。

だが、近年の研究では、日本と朝鮮との関係は、表面上の形式は対等だったが、内実はそうではなかったとされます。すなわち、互いに相手を見下し、そのことを共に容認することで成り立っていたとされるようになりました。そして僕が、なかでも「面白いな」と思えたのは、通信使の一行が常に一方的に日本にやって来た理由に関する説明です。

狩野安信『朝鮮通信使』

それは、豊臣秀吉の朝鮮出兵によって惨禍《さんか》をこうむった朝鮮側が、この時の経験から日本人に自国内を見せたら危ないと判断して、日本の使節が朝鮮に来るのを拒み、そのことが通信使の一方的な来日となったとする見解です。さらに、そのうえで、朝鮮側は、この機会を利用して、かつて自分たちを侵略した日本側の実状を偵察する絶好の機会と捉えたのだとの指摘がなされました（三谷博『ペリー来航』。同『維新史再考』）。

僕は、このような近年の見解が真実を伝えるものだとすれば、それだけ豊臣秀吉の朝鮮出兵が朝鮮側に与えた恐怖感に凄まじいものがあったのだと思えて、大変興味深い見解となりました。また、併《あわ》せて、いつ支配と被支配の関係になるかわからない隣国同士の間柄《あいだがら》というのは、真にシビアなものだと痛感させられました。

薩摩・長州も尊敬した徳川家康

僕が江戸期（なかでも幕末期）の史料をみていて強く印象に残るもののひとつに、江戸幕府の創成者であった徳川家康（一五四二〜一六一六）に対する評価が極めて高いことがあります。これは、別の言い方をすれば家康に対する尊崇（敬愛）の念が江戸期の人々にはとてつもなくあったということです。

そして、これはすべての階層の人々に当てはまりました。すなわち、上は将軍、天皇から下は庶民に至るまで、押し並《な》べてそうでした。むろん、そこには時の最高権力者であった徳川家に対する、もろもろの思惑、配慮も窺《うかが》われますが、そうとばかりいえません。その最たる理由は、やはりなんといっても、家康が世界史上でも極めて珍しい、長期間におよぶ平和な体制（近年「パクス・トクガワナ〔徳川の平和〕」と呼ばれます）を構築した当事者だったことによります。

このような観点に立てば、当然のことながら、平和な時代が続けば続くほど、家康の評価がより高くなり、彼に対する尊崇の念も強まることになります。したがって、江戸時代の最終段階である幕末期になると、それがピークに達することになりました。

例えば、薩摩《さつま》藩の名君と称された有名な島津斉彬《なりあきら》（一八〇九〜五八）なども、家康を理想的な政治家として称賛したひとりでした。斉彬は、嘉永《かえい》四年（一八五一）頃に書いたと思われる「手記」（『鹿児島県史料　斉彬公史料』第一巻）の中で、「東照大神（＝徳川家康）の神慮ほどかしこく貴き」ものはないと記しました。そして、家康の「長久の計」つまり遠い先を見すえての計略によって「二百年余の太平」がもたらされたのだと高い評価を下しました。そして、さらに、この点との対比で、短期政権しか維持しえなかった藤原道長や豊臣秀吉と同じ列に置くことはできないとまで評しました。

同様に、幕末期に登場し、幕府に対してもっとも反抗的な態度を示した長州藩の奇兵隊士あたりでも、家康の評価にはすこぶる高いものがありました。例えば、慶応元年（一八六五）に長崎にいた奇兵隊士が幕府の御目付（名称不詳）に対して提出したとされる書面（『新聞薈叢』）には、家康が自分に敵対する行動をとった家臣を許し、その結果、この人物が後に徳川家の「功臣と成」ったことに触れ、「東照宮……その処置、寛仁大度《かんじんたいど》・光明正大、深く敬服奉り候」とありました。要するに、人を使うにも一度や二度の失敗にはあえて目をつぶり、その長所を活用した人材登用のあり方を、心が広く情け深いと大いに評価したということです。

そして、こうした主張を奇兵隊士があえて行ったのは、当時、第二次長州戦争が勃発する可能性が高まっていたからです。すなわち、幕府側との戦争を望まなかった長州藩関係者は、元治元年（一八六四）の禁門の変で、御所に向かって発砲した罪をいつまでも許そうとはしない幕府に対して、家康の措置に学んで欲しいと暗に訴えたのが、この書面であったと思われます。

さて、僕がわざわざこのような薩摩・長州の両藩にまつわる事例を挙げたのは、皆さんに少し考えてもらいたいことがあるからです。それは、薩摩・長州の両藩が、関ヶ原の戦いで徳川家康の率いる東軍の前に敗れ、その結果、江戸期にあっては「外様藩」として反幕姿勢を強めたといった式の理解の仕方に関わる問題です。確かに、長州藩などは、それまでの中国地方全体にまたがる大領主の座から、いまの山口県地域に押しこめられたのだから、怨《うら》みは残ったでしょう。

しかし、そうかといって、ずっと機会があれば徳川家による支配体制を打倒したいと念じ続けたかといえば大いに疑問が残ります。関ヶ原の戦い後、唯一の例外となった島原の乱を除き、幕末時まで国内での戦争が一度も発生しなかった（ましてや国を挙げての対外戦は皆無であった）江戸期の平和な体制を感謝する気持ちのほうが、はるかに大きかったからです。

そして、こうした気持ちの原点に、徳川家康に対する高い評価と深い尊崇の念がありました。したがって、幕末の政治過程を薩摩・長州の両藩による一方的な武力倒幕の過程だと、単純に受けとめては駄目です。

なお、家康に関わる大事な史実をいまひとつ最後に付け足します。それは、第十五代将軍の徳川慶喜《よしのぶ》によって決断された政権返上（大政奉還）にやはり徳川家康の存在が大きく関わったことです。

慶喜は、慶応三年（一八六七）の十月十二日に、朝廷に政権の返上を願いでる直前、閣老（老中）以下、京都町奉行等に至る、幕府の役人を二条城に集めて、自分の決心（考え）を丁寧に彼らに対して説明しました（『七年史』）。

この中で慶喜は、まず自分が政権を朝廷に返上する決断をしたのは、「方今徳川家の武備衰弱して、諸侯（諸大名）を制馭《せいぎょ》する威力」がないと判断したことによると告げました。最後の将軍となった徳川慶喜の真にすぐれたところは、世界情勢に通じていたこと、自分たちの置かれている現状を冷静に見つめられる点でした。つまり、彼は理知的で、ある種、醒《さ》めた人物でもあったのです。

そして、この慶喜は、自分の意思表明に納得していないように見える幕臣に対して、

「神祖」家康の名前を持ち出します。それは、家康が政権を掌握したのは、「天下を安（ん）ぜんがため」であって、「あえて政権を私せしにあらず」というものでした。つまり家康は、徳川家の私益（私欲）のためではなく、天下を平和裡《へいわり》に治めるために全国をその支配下に置いたのだと強調しました。そして、自分の今回の決断も同様の考えから出ているのだ（それ故、「神祖の神慮にも適《かな》」う）と訴え、同意を求めたのです。

こうしたことは、紙幅の限られた教科書ではむろん書かれませんが、幕末期を含む江戸期を生きた人々の気持ちや考え方を理解するうえで重要かと思います。いずれにせよ、これほどまで徳川家康の存在には大きなものがありました。

2　ペリー来航

高度な情報化社会だった幕末の日本

話が幕末期におよんだので、ここで「はじめに」で取り上げたペリー来航に関わる疑問、すなわち、なぜペリー来航は特別視されるのかについて僕なりの解答を若干記すことにします。むろん、この問題（疑問）に対しても、これが唯一の正解だといったものはありません。

まず、取り上げねばならないのは、翌年のペリー再航によって日米間に「和親条約」が結ばれ、下田と箱館二港の開港が新たに認められたことでしょう。つまり、徳川政権がアメリカと戦争になることを避けるために、長崎以外にふたつの港を開いたことが、江戸幕府の弱腰の結果だとされ、それが延《ひ》いては幕府権威の失墜と倒幕に繋がったのだと見なすわけです。

ところで、この問題に関して、かつて僕は、少々変わったことを頭に思い浮かべました。それを、これから記します。もっとも、これは正解にはなっていません。いや、正直に書くと、現在ではレベルの低い論だと自分でも考えているものです。あくまでも一昔も二昔も前に、自分なりにパズルを読み解こうとする過程で、ふと思い付いたアイデアです。だが、発想そのものは、いまでも面白いかもしれないと考えるので、これから紹介します。

僕は「はじめに」の項で記したような一連の事実を知った時、なぜペリー来航が大騒ぎになったのだろうかと不思議に思いました。というのは、ペリー来航当時の日本社会は、すでに高度に発達した情報化社会に突入していたからです。いつの時代でも、一番重視されるのは、他の誰よりも早く、いかに正確で重要な情報を収集するかです。情報戦を制する者がいつの時代でも世界を制するのです。

現代でも、ある製薬会社が画期的な新薬（二〇一八年のノーベル生理学・医学賞の受賞が決まった本庶佑《ほんじょたすく》さんの研究との関連で再び脚光をあびたがん治療薬「オプジーボ」などが該当します）の開発に成功したといったニュースが流れれば、たちまちその製薬会社の株価は上がりますよね。そして、これは犯罪行為になりますが、事前にそうした情報を入手して、その製薬会社の株を大量に購入しておけば億万長者となることが約束されます。

江戸期でも同様のことがありました。例えば、東北地方や北陸地方などで蝗《いなご》の害や冷害が発生したら（あるいは起こりそうだとの確実な情報をキャッチしたら）、米の値段が高騰することが、確実に読めます。そういうこともあって、江戸期は急速に各種の情報が全国各地に伝わる高度情報化社会へと変貌を遂げていくことになります。そして、これに一役かったのが、いろいろな形で作られていくことになる多様なネットワークです。

もちろん、この中核に位置したのは、商人による情報伝達網ですが、それに留まりませんでした。

例えば、江戸の昌平坂《しょうへいざか》学問所や各地の私塾で学んだ若者たちは、学業を終えた後、主に手紙でもって各種の情報を交換し合う間柄となります。そして、この前提には、寄宿舎などで寝食を共にした体験があります。つまり、青春時代に同じ釜の飯を喰い、かつ同学の士として濃密な時間を共有したことが、生涯の友として、互いが必要とする情報をやりとりする関係を築くことに繋がったのです。

また、江戸期には、国学や俳諧・狂歌《きょうか》、あるいは剣術・柔術など、共通の勉学や趣味を持つ人々の集団が誕生します。そして、こうした人々のあいだで、身分や地域を超えた交流が生まれ、それにともなって各種の情報が往《ゆ》き来することになります。

さらに、これは、視覚に訴えるかたちとなりますが、錦絵《にしきえ》を媒体とした可視情報の伝達も盛んになされました。一例を挙げれば、文久三年（一八六三）の将軍徳川家茂《いえもち》の上洛《じょうらく》時には、江戸の版元《はんもと》（絵師の選定から絵柄の注文、制作、販売まで幅広い権限を持つ）と絵師によって、将軍とその一行を描いた膨大な数の錦絵が刷られ流通しました（久住真也『王政復古』)。いうまでもなく、それだけのニーズ(需要)が見込まれたためです。

このように、幕末期の日本には、様々な経路や媒体を通して各種の情報を多くの人が共有する関係が成立していたのです。そして、このことに大きく貢献したのが、飛脚《ひきゃく》制度でした。江戸期の人々は、手紙や金銀、貨物を送るために飛脚(運送人)を利用しましたが、とくに急ぐ場合は早《はや》飛脚や商売飛脚を使いました(最も早い商売飛脚の所用日数は、長崎・江戸間ですら片道五日だったといいます)。それゆえ、ペリー来航も、現代とは違って瞬時とはいえませんが、ペリー一行が浦賀沖に到着してから一週間もすれば、遠く離れた北九州地域などにも関連情報がほぼ正確に伝わります。

ペリーが来ることはわかっていたのに慌てる幕府

すなわち、このように、高度に発達(成熟)した情報化社会にすでに突入していたので、ペリー来航の丁度一年前にオランダ側から通知された渡来情報(長崎出島に着任した新任のオランダ商館長〔クルティウス〕から長崎奉行に提出された「別段風説書《べつだんふうせつがき》」中に記された)は、少なくとも有力藩には察知されていました。

老中首座の阿部正弘《あべまさひろ》から、ごく親しい相談相手だったがゆえに事前に教えておいたほうが望ましいと判断したためか、嘉永五年十一月下旬の段階で「別段風説書」の和解《わげ》（日本語への翻訳）を見せられた薩摩藩主の島津斉彬や福岡藩主の黒田斉溥《なりひろ》、佐賀藩主の鍋島斉正《なりまさ》らの存在は別格としても（『鹿児島県史料　斉彬公史料』第一巻他）、その他の有力藩も様々な手づるを通じて「別段風説書」の翻訳を手にいれていました。

したがって、それら情報を共有する者のあいだでは、ペリー一行の到着が予測された時点では、まだかまだかと待ち構えているような状況でした。このような状況だったので、僕はなぜあれほどの大騒ぎになったのだろうと不思議に思ったわけです。

もっとも、僕と同様の疑問は、すでにペリー来航直後に発せられていました。例えば、いま先ほど記したように、前年に幕府から「別段風説書」の内容を見せられていた福岡藩主の黒田斉溥は、ペリー来航直後といってもよい嘉永六年七月十七日付で幕府に提出した上書（『大日本古文書　幕末外国関係文書』一）中に、このことを取り上げています。

それは、ペリー一行の来日情報を報じた『和蘭風説書』（別段風説書のことです）を「内達」され、これを受けて自分の意見をすぐに「申し上げ」たにもかかわらず、その後「何たる御備《おそなえ》」もせずにいたことについて触れたあと、「とても異船参らざる儀との御評議にもこれ有るべく哉。其《その》節より予《あらかじめ》御用意候はば、此《こ》の節のごとき御騒動には至るまじく、……残念至極《しごく》に存じ奉り候」と、極めて率直な感想を幕府側に伝えたものです。このように、疑問を抱いたのは、なにも僕ひとりではなかったのです。

そうしたことはともかく、実際の歴史というのは、ちょっとした悪戯《いたずら》をします。ペリー一行は、琉球の那覇《なは》を経て北上し、六月三日に浦賀沖に姿を現わしたのですが、実はこれより前、梅雨の最中《さなか》であったために濃霧が発生し、アメリカ艦隊の姿は海辺からは望めませんでした。それが霧が晴れて、見たこともない巨大な軍艦四隻が突然姿を現わしたので、より大きなパニックが発生したのです。

これは、いわば御愛嬌《あいきょう》だとして、僕が不思議に思ったのは、幕府首脳の慌《あわ》てぶりです。阿部正弘以下、老中や対外問題担当の幕臣らは、大慌てで連日対応策を話し合うことになります。それは、食事時間も確保しえないほどの多忙ぶりでした。そして、阿部らがペリー艦隊の到来を知ったのが六月三日の深夜だったために、夜中であるにもかかわらず、江戸城への総登城（関係者全員の登城）が求められました。

ついで、こうした幕府首脳の慌てぶりは、ペリー来航直後に、関係者に対する「聞き取り」調査をおこなった肥後熊本藩士の「秘録」中にも、鮮やかに窺《うかが》われます。すなわち、この中には、「営中」つまり将軍の居所がある殿中内は、「はなはだ御混雑の事にて」、関係者の中には、江戸城中を老中を探し求めて、「どれへどれへとて走り廻《まわ》」る者も出たと記されています（『改訂　肥後藩国事史料』巻一）。

とにかく、情報をキャッチした島津斉彬が、ペリー来航のあった翌月にあたる七月十日付で徳川斉昭に送った書簡（『鹿児島県史料　斉彬公史料』第一巻）中に、「余程《よほど》の仰天《ぎようてん》と存じ奉り候」と記したような、政権担当者としては真にみっともない姿をさらけ出すことになったのです。

で、僕は、ペリー来航のことをオランダ側から一年も前に知らされていたにもかかわらず、幕府首脳のこうした、あたふたとした有様がどうしても腑《ふ》におちなかったという次第です。そして、僕の納得できない心をさらにかき立てたのが、ペリー来航の前年にあたる嘉永五年十一月二日付で弟の島津久光に宛てて出された斉彬の書簡（同前）中に、「来年アメリカ参り候事」について「閣老中は余程《よほど》心配の様子」であること、阿部正弘と会った際に、阿部も「心配の趣」を自分に対して洩《も》らしたとあったことです。だったら、なぜ阿部らがあれほどうろたえたのか、疑問心がいっそう涌《わ》きました。

問題は軍艦の数？

そこでなぜこのような有様になったのだろうかと色々考えました。そして、思い至ったのが船数の問題でした。というのは、当時の幕府は、日本にやって来る外国船の渡来目的をいち早く知る必要があったことを、先学の研究によって知っていたからです。すなわち、幕末段階の日本周辺の海には、実に様々な目的を持つ船が現われます。捕鯨船を筆頭に、太平洋を横断して商品を運ぶ船や、時に日本に開国通商を求める船がやって来る。

その際、いちいち監視体制をしくのは、警備費用の面で負担が大きく、とてもじゃないが耐えられません。そこで外国船への対応を来航目的の違いによって異《こと》にし、警備費の抑制を図ろうとする動きが出てきます。その際、捕鯨船や商船は問題なしと判断されたようです。なぜなら、両方とも、石炭や水・食糧を時に求めるぐらいで、日本側に人的危害を加える恐《おそ》れはまず無かったからです（もっとも、当時の商船〔帆船〕には、大砲を何十門も積んでいたものがありましたが、これは海賊脅しのためのもので、実戦用のものではありませんでした）。その点で大いに問題となったのは、やはり軍艦です。軍艦の場合はすぐに戦闘行為に移れますからね。

ついで、ここに新たに問題となってくるのが、軍艦の渡来目的をいかに早く察知するかということです。そして、この点に関して明確な基準を打ち出したのは、やはり外交を担当していた幕府内の優秀な官僚でした。例えば、そのひとりに当時西丸留守居《にしのまるるすい》であった筒井《つつい》政憲《まさのり》（一七七八〜一八五九）がいます。

彼は、ビドゥル来航のあった直後ともいってよい弘化《こうか》三年の七月、阿部正弘に提出した答申（『大日本維新史料　稿本』三）で、戦争をしかけるために、あるいは止《や》むを得《え》ず戦闘行為におよぶ場合を想定して、やって来る軍艦は「数艘《すうそう》」で渡来するはずだと、判断基準を明確に示しました。

これは明らかに、ビドゥル一行が軍艦二隻をともなってやって来たことを念頭に置いての判断基準の提示です。つまり、軍艦二隻までは大丈夫だというものでした。後世の我々には、随分「お気楽」な判断だとしか受けとれませんが、膨大な額にのぼる防備費用を考慮したうえでの限りなく希望的な判断基準の提示だったのでしょう。

そして、この点に関しては、やがて阿部も同様の認識を持つに至ります。実は、彼らが、この問題を真剣に検討したのは、アヘン戦争（一八四〇〜四二）の終結以来、停止していた「異国船打払令《いこくせんうちはらいれい》」を復活させるかどうかの大問題を抱えていたからです。それはおき、阿部も嘉永元年（一八四八）の五月四日、直書でもって筒井に打払い令復活の可否を尋ねた際、「一、二艘の船」であれば問題とするに足りないとの認識を示しました（『開国起原』Ⅴ）。

もっとも、その後、オランダ側がペリー来航の一年前に日本側に伝えた先述の情報には、ペリー一行が「一、二艘」をはるかに上回る数の軍艦数で日本にやって来る（アメリカの在清〈中国〉艦隊が増強され、蒸気船をはじめ計九隻でやって来る）とありました。が、徳川政権はあえて、この箇所を無視もしくは軽視したのでしょう。

では、こうしたペリー来航前に幕府首脳が摑《つか》んでいた情報並びに彼らの認識を、ペリー一行の来航時に当てはめると、どうなるか。かなりの軍艦数で来るかもしれないと予測していたとしても、ペリー一行が実際に四隻もの巨大な軍艦でもって来航したことは、彼らの判断基準からいえば、甚だしい戦闘意欲を内包したものと受けとられたに違いないということです。

ハイネが描いたペリーの上陸

そして、この点が、ビドゥル一行の来航等となによりも大きく異なっていました。だから、昔の僕は、こうした軍艦の多寡《たか》の問題が、ペリー一行の来航を特別なものと受けとめさせ、幕府首脳を大慌てさせた一因（あくまでも一因です）になったのではないかと考えたのです。

もちろん、ペリー来航が、幕府首脳をはじめ、多くの日本人に「衝撃」を与えた理由は、これだけにとどまりません。むしろ、より大きな理由（要因）は他に求められて然るべきでしょう。

ペリー一行が日本を開国させるためにとった日本の国法をあえて徹底して無視するといった威嚇《いかく》策（その象徴

が国禁とされた江戸内海への幕府サイドの制止をふりきっての乗り入れと、兵士の所々での上陸です）などがそれに該当します。その点で、僕がかつて考えたことは児戯《じぎ》に等しいと思います。だが、僕が読者の皆さんに伝えたいのは、たいして意義のある見解ではなかったとしても、ちょっと関心の幅を広げ、頭をほんの少し使えば、このような背景を想定しえる（仮説を立てて楽しむ）という学問固有の面白さです。

あるいは、ペリー来航問題がらみで、さらに挙げれば、当時世界一の強国であり、かつ東アジア地域にいち早く進出していたイギリスではなく、なぜアメリカ合衆国が、日本の開国を求めて最初に大型使節を派遣したのかといった疑問も涌いてきます（この問題に関しては、これまで多くの研究者によって、様々な考察がなされています。詳しいことを知りたいのなら、『幕末維新のリアル』の第四章を読んで下さい）。そして、こうした、ほんのちょっとした疑問を抱くことが、歴史の勉強をするうえでの楽しみなのです。ご理解いただけたでしょうか。

第五章　過去と未来をつなぐ——これからの歴史学

1　歴史教育の役割

歴史認識をめぐる問題

さて、本書の最後に、これからの歴史学のあり方といったことを、少し考えてみたいと思います。そこで前提として、歴史認識の問題が現代社会において極めて重要な位置を占めることから説明することにします。

日本人は昔から「水に流す」ことを美徳として教えられてきました。これは、過去のことをとやかくいわず、すべて無かったことにするのが、立派な人間の心がけるべきことだとされてきたということです。もちろん、主たる対象とされたのは、個人間の喧嘩《けんか》レベルです。だが、日本人の場合は、こと個人間のいさかいのレベルに止《とど》まらず、対外的な関係においても、同様な態度をとろうとしたことが大きな特色です。そして、よく政府の指導者が口にする「未来志向でいこう」といった発言はこの主旨に沿うものです。

確かに、日本人ほど過去に起こったことを引きずらないように見える国民はいないかもしれません。僕などは不思議で仕方がないのですが、広島と長崎にアメリカ合衆国によって原爆を落とされ、多くの犠牲者が出たにもかかわらず、日本は世界一の親米国となっています。これも、「水に流す」ことを美徳とする国民性の表れなのでしょうか。しかし、日本以外も、そうかといえば、まったく違います。他国では、酷《ひど》い被害を受けた記憶は容易に(ほぼ永久に)忘れ去られません。そして、自国民に対する歴史教育において繰り返し、このことが教えこまれます。

近現代史教育のギャップ

ところで、現代の日本社会において歴史離れが急速に進行しつつあることについては、第二章で少々触れました。これにはいくつかの本質的な要因があります。例えば、そのひとつとして、教育現場における歴史教育の軽視が挙げられます。皆さんも、よくご存じのように、いまは歴史（とくに日本史。必修科目である世界史とは違って、日本史は選択科目のひとつに過ぎません）を本格的に学ばなくても大学に進学することができます。

現に、推薦入試（その極《きわ》みがＡＯ入試です）の制度が広まったこともあって、大学入試に挑む受験生がよりいっそう歴史系の科目を受験科目として選択しなくなりました。

さらに、これはなにも歴史系の科目を取り巻く状況に限ったことではありませんが、社会全体が余裕を失い、すぐに役に立つ知識を求めるようになったことも、歴史教育の軽視に繋《つな》がったのは確かでしょう。

さらに、歴史教育との関連で付け加えておきたいことがあります。見過ごされがちですが、日本以外の国も、現代の日本と同様、歴史教育に力を入れていないのかといえば、意外にそうではないことです。日本の歴史教育は、質はともかく、量においてはお隣の中国や韓国に比べて劣っているようです。もう、かなり前のデータとなるので、いま現在はどうかわかりませんが、僕が以前読んだ書物（『歴史はどう教えられているか』）や歴史教育に関わる特集を組んだ雑誌（「中央公論」二〇〇二年九月号）では、中国も韓国も、ともに日本よりは多くの授業時間を歴史教育に割いていました。むろん、そのぶん教科書の分量は多くなります。

そして、このことが、いわゆる隣国との歴史問題にも大きく関わってきます。日本の少なからざる数の中・高校生は、そもそも歴史を熱心に学んでいません。そして、授業時間が少ないため、しばしば教育現場では近現代まで授業でたどりつかず教えられないことが生じます。

他方、お隣の中国や韓国の中・高校生は、歴史の授業時間が日本に比べて多いうえ、近現代史を重点的に教えられているようなので、先ほども一寸《ちょっと》記したように質の面ではともかく、近現代史に関する知識の量と問題関心は、そのぶん当然多くなります。ということは、日本による植民地支配や侵略についての知識量も多く、かつ関心が強いだろうことを意味します。

その結果、司馬遼太郎さんがかつていみじくも指摘したように、極論すれば、中国人をはじめとするアジア人にとって「太平洋戦争の時代の日本（すなわち軍国主義時代の日本）が日本像のすべて」といったことになっているかもしれません（『幕末維新のこと』）。我々は、日本史上の他の時代（それは、平和を謳歌《おうか》し、文化・芸術の花が咲いた時代です）のことをもっと知って欲しいと思っても、そうはいかないのが現実です。

それはおき、かつて日本が朝鮮や台湾を植民地としたことも、中国本土を侵略したことも、十分に知っていない日本の中学生や高校生と、他のアジア諸国の若者との酷いアンバランスが生じています。台湾に旅行に出かけた日本人青年が、現地で日本語の達者な老人と出会い、「日本語が上手《じょうず》ですね」といったら、ものすごく怒られたという話を最近耳にしました。この老人からすれば、少年時に植民地だった台湾で日本語教育を強いられた屈辱が蘇《よみがえ》ったのでしょう。そして、こうしたことすら教えられていない日本人青年に対する怒りが爆発したのかもしれません。歴史に関する無知ほど恐いものはないということです。

とにかく、こうした現状を考えると、これら日・中・韓三国の若者がもし歴史に関する話し合いの場を持てば、深刻な対立が生じかねないということにもなりかねません。もっとも、こうしたこともあってか、僕の眼には、さすがに近年では近現代史に特化した授業内容が強く求められ出したように映ります。

事実、先述した二〇二二年度から必修科目として高校生に教えられる予定の『歴史総合』では、一八世紀以降の近現代史にかなり特化した内容のものとなるようです。これは、現代を生きることになる若者には、とくに一八世紀以降の近現代史に関する知識が必要不可欠だとされたからでしょう。

なお、僕は、長年、中国からの留学生とじっくり話し合う機会を持てたことで知りえた事実がいくつかあります。笑い話に近いものでは、中国では日本は資本主義の国だと教えられていたので、日本に渡って来た時、日本共産党の宣伝カーが街中を走っているのを見てビックリしたといった感想がありました。また、近年大問題となっている中国の南シナ海への進出について、中国人の中にもごく少数派らしいですが、おかしいと思っている人はいるようです。これは、中国東北地方の農民男性ですが、常識的に判断して、あれは他国（ベトナムなど）の領海だろうといったことを日本に留学している息子に語ったそうです。

こうした情報が、彼らとお喋《しゃべ》りしていると時に入ってきます。そのようななか、歴史問題で考えさせられたのは、日本軍の侵略行為で甚大な被害の出た中国では、日本の戦争犯罪人として何人かの人物の名前が教えこまれ、中国人ならほぼ全員が知っている人物の名を、反対に日本人がほぼ知らないという現実があることです。

例えば、その内のひとりに南京虐殺《なんきん》事件時の日本軍の最高司令官（中支方面軍司令官）であった松井《まつい》石根《いわね》大将がいます。南京虐殺事件は、広く知られているように、日中戦争がはじまった昭和十二年（一九三七）十二月、日本軍の南京占領に際して、日本軍による捕虜や一般市民に対する大量殺戮《さつりく》行為があったとされる事件です。そして、いま現在も、日本側と中国側の間で殺害された市民の数などをめぐって意見の衝突が見られます。

松井石根

僕は、歴史家のひとりとして、この事件に関しては、むろん、それなりの考えがありますが、ここでは触れません。

が、問題とすべきは、中国人のほぼ全員が知っているらしい人物の名を、日本人（なかでも若者）がほぼ全員知らないという、このあまりの両国間の落差です。僕は、極めて限られた「歴史的事実」しか掲載しえない（それだけのスペースしか与えられていない）教科書で、松井大将の名前まで載せることには異議がありますが、それにしても、もう少し知られていい名前ではないかと考えます。ところが日本の場合は、松井大将どころか対英米戦開始時の日本の首相であった東条英機《とうじょうひでき》の名前さえ知らない若者がいます。

これは、現に、大学の一般教養を担当していた時に、情報系の学部の一年生で僕のところに毎回質問に来た学生と話をしている際に知りました。この学生は、僕が授業中に喋ったことではじめて東条の名前を知ったそうです。淋《さび》しい限りですが、これが日本の歴史教育の現状でもあります。

2　歴史が人を育てる

人材は育てられるが、人物は育てられない

続いて本節では、これからの歴史学のあり方とも大いに関係する、歴史学の使命について若干触れることにします。

僕は、これまで歴史学は社会（世間）に対して、どのような貢献ができるかといったことをしばしば考えてきました。そして、月並みですが、僕程度の人間ができることは、せいぜい次のようなことじゃないかと思うようになりました。それは、これまでの人類の長い歴史の中で、後世の人間に伝える価値のあるものを選んで伝えるといったことや、歴史上にあらわれた人間の行為の中で、好ましいと思えるものを積極的に伝えるといったことです。

「なんだ、時代小説家と変わらないじゃないか」と思われるかもしれませんが、その通りです。ただ、あえて違いを強調すると、あくまでも史料面に忠実な範囲内で、後世の我々がぜひ身につけたい人としての優しさや正義感といったものを刺戟《しげき》するような事例を紹介できたらと考えます。そして、それによって、人間というのは好いものだと思ってもらえたら幸いです。とくに、近年、残念なのは、世の中を見ていて、悪人や悪口ばかりが横行し、若者に良い影響をおよぼす人物や出来事がまったくといってよいほど紹介されないことです。

そして、こうしたこともあってか、僕らの子供時分には想像すらしえなかった動機で凶悪な犯罪行為に走る青少年が登場するようになりました。おそらく、こうした青少年は、周りにこのような人になりたいと憧れる存在にこれまで出会《でくわ》さなかったのでしょう。また、素晴らしい歴史上の人物から、その凄《すご》さを学ぶ機会もまったくなかったのでしょう。したがって、理想に過ぎるといわれるかもしれませんが、歴史学に与えられた使命のひとつは、歴史上にすぐれた功績を残した人物や後世の人間にとって大いに参考になる事例の紹介ではないかと最近つくづく考えるようになりました。

さらに、これからの歴史学に与えられた使命との関連で大きく出ると、僕は歴史学の究極の使命のひとつは、人物の育成にあるのではと考えます。僕は、縁があって講演を頼まれた時、たまに口にする言葉があります。「人材は育てられるが、人物は育てられない」という言葉です。そして、この発言は最近さらに進化しました。これだけ社会全般や人間個々人の精神が余裕を失っていくと、人材も育てられず、パーツつまり部品のような人間を作るのが、やっとではないのかといった主旨の発言です。

部品とは、機械のある部分を構成する品で、いってみれば取り替えが可能なものです。そして、いくら優良なものを作っても、全体の一部分に過ぎません。僕は、なんだか現代の社会は、このレベルの人を育てるのに汲々《きゅうきゅう》としているように感じます。

自分のことを棚に上げて書くのもなんですが、この頃、人間的な香りを馥郁《ふくいく》と漂わせる魅力的な人を見かける機会が以前より少なくなったような気がします。反対に無味無臭の、僕などからすれば面白味のまったく感じられない、それこそ部品のような人に囲まれて、味気ないと思うことが時に出てきました。そのぶん、僕も年齢を重ねたということでしょうが、どうもそれだけではないようにも感じます。

「部品で何が悪い」といった声が聞こえてきそうですが、部品は、いま先ほども記したように、すぐに取り替えがききます。つまり部品的存在では、自分を守ることはできません。旧《ふる》くからある言葉ですが、「余人をもって代えがたい」存在にならない限り、僕は究極的には自分の身を守ることはできないだろうと考えます。「余人をもって代えがたい」すなわち他の人間では代替のきかない、どうしても必要とされる人間に成長を遂げない限り人間は安心して生きられません。

「人物」西郷隆盛

続いて、ここで人材と人物の違いについて記します。僕が考えるに、人材というのは、即戦力として期待されるレベルの存在です。これは、それなりの素質の持ち主で、本人に意欲があれば、十分に育成できると思います。ただ人物レベルとなるとどうでしょう。僕は育成は極めて難しいと思います。

では、人物と人材はどこが違うのか。人物というのは、大きな視野に立って物事を見ることができ、そのうえ適切な判断を下しうるレベル（すなわちリーダーに相応《ふさわ》しい者）を指すと僕は考えます。例えば、僕がここ十年余、研究対象の内のひとつとして取り組んできた相手である西郷隆盛などが、これに該当します。どう考えても、西郷には「人材」よりも「人物」という言葉が、やはり相応しいでしょう。即戦力レベルに止まらない、危機になればなるほど「人間的底力《そこぢから》」とでもいうべきものでもって対応できる人間だったことは明らかだからです。

なお、最近、超一流大学出の中央官僚やエリートサラリーマンに纏《まつ》わるセクハラ発言やパワハラ発言がよく話題になります。これらのハラスメントとは、優越した地位や立場を利用して行う嫌がらせ行為を指します。そして、こうした嫌がらせ行為のひとつに、ジェンダー・ハラスメントがあります。

これには、具体例を示せば、「男のくせにメソメソするな」とか「ヘラヘラ笑うな」といったものが含まれます。僕は、近刊の拙著で、西郷の魅力の根幹部分に、彼の涙と微笑があると指摘しました。西郷は、死をも恐れぬ猛者《もさ》・勇者でありながら、感動するとまわりの眼を気にすることなく自然と涙を流し、また苦しい状況下に追い込まれれば追い込まれるほど、笑みをうかべて対応する人間でした。

したがって、当時の普通の男性なら、「男のくせに」云々《うんぬん》といった非難の言葉を浴びせられてもおかしくなかったのですが、西郷はむろん例外でした。誰ひとりとして、西郷に向かって、そういった言葉を口にする者はいませんでした。彼が「人材」レベルの人間ではない大きな魅力を持った「人物」だったからです。

もっとも、その西郷にしても、先述したように、完璧《かんぺき》なリーダーだったわけではありません。そのため、最後は判断を誤って鹿児島の城山で死なねばならないなど、大きなミスを生涯にわたって何度か犯しています。その点で、生涯を通じて完全無欠の神のような存在ではありえませんでした。だが、徳川政権による全国支配のあり方（それは有力藩などを国政運営の場から排除したものでした）が、おかしいということを執拗《しつよう》に問い続け、最後は相当程度、強引なやり方で旧体制を打倒した。その判断と行動力は人材レベルの人間では到底なしえなかったと思われます。

歴史を学ぶことが「人物」を育てる

ついで、これが大問題となりますが、このような人物を簡単に育てられないとしたら、ではどのような環境下だったら可能性が高まるのか。ここで手前味噌《みそ》に近い結論を提示することになって恐縮ですが、歴史を真剣に勉強することが、西郷のような一国の歴史（場合によっては世界の歴史）を大きく変える「人物」の創出に繋がると考えます。すなわち、西郷のような「人物」が日本史上に登場しえた要因のひとつには歴史の勉強があったと考えます。

そして、これはなにも西郷個人に限ったことではありません。僕が江戸期から明治期にかけて生きた人々の生活を各種の史料を通じて垣間《かいま》見てきて痛感させられるのは、中国や日本の歴史書（当時の言葉でいえば「和漢古今」の歴史書）に親しむ多くの人々の姿です。むろん、これは当時の支配階級であった武士層が中心となりますが、庶民層も江戸期の後半に急速に普及した貸本屋を利用することで、中国や日本の歴史書（圧倒的に多かったのは、歴史上に登場する英雄に関する逸話満載の読物の類です）に親しむようになりました。

例えば、明治五年（一八七二）正月段階の明治天皇は、自分の教育を担当する「侍《じ》講《こう》」で、なおかつお気に入りの人物でもあった元田《もとだ》永孚《ながざね》（一八一八〜九一）らに対し、「ドイツ語や日本書紀の勉強よりも、三国志のほうがずっと好き」だと告げ、彼らと三国志を話題として歓談したこともあったそうです（坂本一登「明治天皇の形成」）。

若き天皇にとって、近代国家の君主として求められたドイツ語の修得や、これまた天皇教育の一環として学ぶことを義務付けられた日本書紀などの勉強よりも、天真爛漫《てんしんらんまん》な英雄が躍動する三国志のほうが性にあったのでしょう。天皇が三国志の中に登場する英雄でとくに好きだったのは、大声で有名な張飛《ちょうひ》だったらしいです。その気持ちは、ゲーム「三国志」などに親しんでいる若い皆さんのほうが、僕などよりも、むしろよく理解できると思います（なお、蛇足ながらあえて付け加えると、明治天皇は豊臣秀吉に関わる通俗的な書物だった『太閤記《たいこうき》』などもどうやら愛読したようです）。

また、その明治天皇とやがて深い関係性を持つことになる軍人で教育者の乃木希典《のぎまれすけ》（一八四九～一九一二）の日記などを紐解《ひもと》くと、乃木が日本史の勉強にいそしんでいたことがよくわかります。例えば、西南戦争勃発直前の明治十年（一八七七）二月九日の条には、「夜、日本略史を読み尽《つく》す」とあります。「読み尽」したのだから精読したということでしょう。むろん、西郷なども三国志をはじめとする中国の歴史書や日本史に関係する多くの書物には親しみました。さらに、それに止まらず、明治期に入ると西洋の歴史に関する翻訳書や福沢諭吉の書物にも眼を通したようです。その結果、ナポレオンなどをひどく崇拝し、かつ憲法を制定し国会を開設する必要性をも理解できるようになります。

そして、より大事なことは、江戸期から明治期にかけて生きた人々（なかでも指導者となるべく運命づけられた人々）が、本書の前半部分でも一寸触れたように、歴史から人のあるべき生き方を学び、それを糧《かて》としたことです。

すなわち、歴史上に登場した人物の「志」や「理想」といったものを学び、受け継ぎました。例えば、そうした対象になった一冊に、西郷なども愛読した江戸時代前期の儒学者熊沢蕃山《くまざわばんざん》（一六一九〜九一）の『集義和書』があります。そして、この本は、武士の務めと関連させて、名利（名誉と利益）を求めるような生き方を強く否定するものでした。つまり、要領よく生きることを説くようなものではなく、正しいことを貫くためには損な人生をあえて送れといったことを懇々《こんこん》とわかりやすく説くものでした。

さらに、江戸期から明治期にかけて生きた人々の多くは、自分が偉くなるにつれて、いま現在の自分の行動が後世の歴史書の中で、どのように評価されるかをひどく気にして生きるようになります。すなわち、自分の生きた当時だけ良ければいいというのではなく、後世に評価される行動をとらなければならないといった気持ちが大層強かった。

そして、自分自身のことに止まらず、このような観点から為政者（政治を担当する者）に対しても、時に苦言を呈するようになります。とくに、深刻な民族的危機が発生し、なんとか苦境を打開せざるをえなくなる幕末期になると、こうしたケースはしばしば見られるようになりました。

例えば、文久四（元治元）年の二月十一日に、当時参預職であった松平春嶽《しゅんがく》や島津久光といった有力な封建支配者が将軍後見職の一橋慶喜《ひとつばしよしのぶ》に対して連名で提出した建議書（『続再夢紀事』二）中には、将軍の再度の上洛《じょうらく》を求めたにもかかわらず、それに応じようとしない幕府首脳のあり方を「青史の上、天下後世までの笑いとあい成るべくは顕然《けんぜん》の事と、日夜歎慨痛心《たんがいつうしん》仕り候」と批判する文言が記されました。「青史」とは歴史のことです。つまり、後世の歴史書の中で馬鹿にされることは確実（「顕然」）だが、それで構わないのかという批判でした。

「亀《き》鑑《かん》」という言葉があります。行動の基準となる手本とか模範といった意味ですが、江戸期から明治期にかけて生きた人々の中の少なからざる者が、自分の行動が「亀鑑」から外《はず》れていないかと常に心配し、そのうえで権力を掌握している者に対しても同様のあり方を求めたのです。

いま挙げた史実は、そのことを後世の我々に教えてくれます。そして、こうした意識が、広く世間一般に存在していたことが「人物」レベルの人間を育成するうえで大きな土台になったことは間違いありません。

ここで、このことがよくわかる人物をひとり紹介します。奇兵隊を結成したことで知られる幕末の長州藩士高杉晋作（一八三九〜六七）です。彼は、脱藩して京都に走った罪で萩《はぎ》の野山獄中にあった時、「手記」（『東行先生遺文』）を書きました。

それは彼がいまだ二十代の若者であったにもかかわらず、子孫の参考に供するためでした。「ただ願ふ処は、わが子孫の者ども、某《それがし》（＝高杉晋作）の直言直行、奇禍《きか》（＝思いがけない災難）を取りしを親しく見て、学問の一端にも成せかしと思ひぬ」。高杉は自分が脱藩という行動にでるに至った背景を率直に語ることで、子孫がこれから人生を歩むうえでの参考にしてくれることを切実に願ったのです。とにかく、幕末期に活躍した「志士」の多くは、こうした精神の下に生きました。

歴史に名を残した人物が後世の歴史書の中で、自分の行動がどのように評価されるかということをひどく気にする心根《こころね》を持つに至ったのには、江戸期から明治期にかけて、最も重視された学問が歴史だったことも大いに関わっています。客観的な立場にたって記すと、いま現在の日本では歴史の勉強は重視されていません。いわゆる受験生にとって最重要科目は、英語・国語・数学の三教科です。これらが、いわば根幹的な基礎科目とされ、歴史は付け足しの位置に留まっています。

ところが、これは案外見過ごされがちですが、江戸期はもちろんのこと、明治期以後の近代日本でもっとも重視された科目は、歴史（それも国史といわれた日本史）です。第二次世界大戦が終わるまでは、少なくとも初等・中等教育においてもっとも重要なウェイトを占めたのは歴史教育でした。これは、児童・生徒に対する教育の最大の目的が、自国の歴史や文化を愛する国民の育成にあった以上、ある意味では当然のことでした。

むろん、こうした教育は、天皇に一方的な服従を誓うことを教える点で、現代の社会ではとうてい受け入れられるものではありません。が、とにかく、第二次世界大戦前の日本人は、歴史に大いに親しみ、そこから得られたものを心の糧としてきたのです。そして、人によっては、それを自分を支える思想や考え方（脊柱《せきちゅう》）としました。このようなあり方は、頑《かたく》なに自分の思想や考え方のみにこだわるようになれば問題ですが、そうでなければむしろ望ましいことだと考えます。時に変な方向に自分や社会が向かおうとする時、それを抑制し、人間や社会のあるべき姿や生き方を我々に模索させてくれるかもしれないからです。

3　歴史学と読書

余人をもって代えがたい存在になる

続いて、今度は目線を変えて、歴史を学ぶうえでの前提条件となる読書の効用について語ろうと思います。先ほど「余人をもって代えがたい」存在にならない限り、究極的には自分を守れないだろうと書きました。そして、このことは、近年になればなるほど切実な課題（努力目標）として我々に突きつけられるようになったと断言できます。なぜなら、これからの社会ではＡＩ（人工知能）やロボットの登場で、事務労働者（一昔前はホワイトカラーと呼ばれていました。白襟の服を着て事務所で働く人という意味です）の仕事が無くなるとの予測が樹てられているからです。その代わり肉体労働者（一昔前はブルーカラーと呼ばれていました。青襟の服を着て現場で働く人という意味です）の仕事と賃金がともに増えるだろうと予測されています。

現に、ＡＩやロボットに人間の仕事や活動を肩代わりさせる動きがさかんに見られだしました。メガバンク（巨大な資産・経営規模を持つ銀行）が業務の効率化を図るためにＡＩを大いに活用すると表明したことなどが、その最たる例です。当然、これにともなって、人員は削減されます。そして、ＡＩの活用は、実用分野だけに止まらず、小説の執筆といった創作分野にまでおよびはじめました。そして、このような時代に生き残れるのは、オンリーワンの人間だけだともされます。オンリーワンとは、要は「余人をもって代えがたい」存在のことです。

では、こうした現代社会の中で、「余人をもって代えがたい」存在となるにはどうしたらよいのか。答えは極めてシンプルです。独創的な発明・発見を成し遂げるか、あるいは取得するのが甚だ困難な資格を手に入れるといったことができれば、問題はありません。しかし、これは誰もが目指せる途《みち》ではありません。ごく普通の人間が達成できる方策はただひとつしか残されていません。

自分の思いや考えを、自分の言葉で相手にきちんと伝えられ、そのうえ自分の属する組織にとって役に立つアイデアや情報を随時提供し、かつ実行できる存在になることです。実は、この点と大いに関係しますが、最近、テレビを見ていて印象に強く残ったことがあります。それは、鮪《まぐろ》の完全養殖に成功したことで知られる近畿大学の水産関係の現場をあずかる担当者が語っていたことです。ある時、エサを与えてもまったく喰いつきが無いことに「おかしいな」と思って、生《い》け簀《す》の中に潜って調べると、稚魚が全部死んでいたそうです。これは四角であった生け簀の角に稚魚がぶつかって死んだためです。そこで考えて、円型の生け簀に代えたらこうしたことが生じなくなったそうです。

しかし、次に新たな難問が生じました。夜間、近くを通るトラックの照明に稚魚が驚いて、やはり大量に死んだらしい。そこで再び考えて、夜も生け簀に照明を当てるようにしたら、不幸な事態の回避に成功したということです。僕は、この話を聞いて大層面白かった。それは、苦境を脱するには工夫が必要だということ、成功するには、それなりの理由があると改めて納得がいったからです。とにかく、こうした工夫話を聞くと、僕はとても嬉《うれ》しくなります。

さらに、ここでもう一段、階段を上がるためには何が必要か。「余人をもって代えがたい」存在となるためには、当然のことながら、まずは読み書きの能力が十分に備わっているという条件が付くと思います。では、その読み書きの能力はどうしたら身につくのかといえば、これはどなたも同じことしか申し上げられないでしょう。特効薬などはなく、まずは読書に励めということです。

読書の効用

読書の効用というのは、たくさんあると思います。例えば、これは多くの人が強調することですが、本を読むことで視野が広がります。視野が広がるということは、自分の無知に気付くとともに、自分の視点や思考の幅が広がるということです。

人間は放っておけば、どうしても自分の置かれた環境に規定され、狭い視点しか持ちえません。それが本を読むことで、他人や世界各地の人々のあらゆる考え方や生き方などを学ぶことができるようになります。そして、このことが、結果的に物事を俯瞰《ふかん》的に、つまり高い所から眺《なが》められることに繋がります。また、「人を見る目」を養ってもくれます。

それに第一、狡《ずる》いことを記すと、先人が長いあいだかかって営々として培ってきた知見を借用することで、時間を無駄にしないで済みます。すなわち、本来ならゼロからはじめねばならないところを、書物の中に記された先人の知見を参照することで、どんどん前進できるのです。こんな有り難いことはありません。

さらに有り難いのは、本は何度も読み返せることです。すなわち、一度読んだだけでは理解できなかったことや若い（子供）時分にやはり理解しえなかったことも、その後、何度も読みこんだり、あるいは人生経験を積み重ねた段階で改めて読むと、ようやくわかるといったことが、ままあります。その点で、映像のように、ややもすれば流れに身を任すだけで終わってしまうといったこともありません。

また、これはわかる人にはわかることですが、読書の習慣を身につけていれば、退屈がまぎれる（有効に時間がつぶせ、ひとりでいても孤独感に苛《さいな》まれないで済む）という、他のなにものにも代えがたい利点があります。ついでここで読書の効用に深く関わる、ごく近年の自分の体験談を披露します。おそらく参考にしてもらえる点を含むと考えるからです。一昨年の秋、大学を退職する直前、一回生（関西では、大学一年生のことをこういいます）の有志諸君と、又吉直樹《またよしなおき》さんのエッセイ『夜を乗り越える』を読みました。いままで、こうした方面の人が書いたものを、学生諸君とはおろか個人的にも読んだことは無かったのですが、若い学生諸君に活字に親しんでもらおうと思って取り上げました。そうしたら、さすがに読書家だけあって、教えられる点が多々ありました。例えば、「面白くない」「つまらない」ということと「わからない」ということは、全然別のことだとの指摘がありました。これは、僕の拡大解釈も含めて書くと、こういうことです。

誰かの発言や芸を「面白くない」「つまらない」と一言で切ってしまえば、それで終わりですが、「わからない」という受け止め方だと将来に繋がる。つまり、将来わかる時がくるかもしれない可能性が残される。また、「わからない」という受け止め方は、いまの自分には理解できないが、「面白い」と感じる他人の受け止め方を、それはそれとして認めるという余裕にも繋がります。それゆえ、「面白くない」「つまらない」と、「わからない」という言葉には雲泥の差があることになる。なかなか含蓄《がんちく》のある指摘だと思います。

さらに、又吉さんのエッセイの中で印象的だったのは、彼が小学校一年生の時に好意を寄せた同級生の女の子（いわゆる「初恋の子」）から受けた屈辱《くつじょく》に関わるものです。それは、彼女から「遊ぼう」と誘われ喜んだものの、すぐにその女の子の好意が、自分ではなく友達に向けられていたことがわかった際のものです。彼は、この時、「〇〇くん王子様……。又吉乞食《こじき》」と呼ばれ、すごく嫌な目に遭《あ》ったといいます。そして、おのれの惨めさを隠すため、必死になって、そのあと全力で乞食（歴史用語なのでお許し下さい）を演じたとのことです。

僕は、ふと思い立って、この又吉さんのエッセイを学生にいきなり読ませ、感想などを問うたあと、本をいったん回収し、次回改めて渡す手法を採りました。そしたら、事前に読んでいなかったこともあって、学生は乞食という言葉が読めなかった。どうやら耳では聴いたことがあるらしいのですが、差別用語なので教えられることも無かったからでしょう（一時《いっとき》問題になり、その後、結局うやむやにされた「言葉狩り」の結果です）。そうしたことも知りえて、この手法は僕にとっては得るものがありました。

また、このやり方はライブ感が出て、けっこう面白かったです。いま先ほど挙げた又吉さんのエピソードには、文章を読み上げた学生も、その他の学生も、そして他ならぬ僕も思わず笑ってしまった。さすが小学校一年生といえども、大阪の女の子はパンチのある発言をするものだなと思わされました。それはともかく、おそらく、前もって読んでいたら、こうしたライブ感は出なかったと思います。

読書に人生のヒントがある

つづいて本題に入ります。僕は、この箇所を読んだあと、思わず、学生に次のように語りかけていました。それは、「君たちは、この又吉さんのエピソードをどのように受けとめるか」というものでした。そしてあわせて、学生がこれまでに受けた苦い惨めな体験の有無を聞きました。すると、彼らは率直に応えてくれました。多くの学生が一様《いちよう》に口にしたのは、「死ね」という言葉を浴びせられた体験でした。むろん、それは、全部が全部、刺《とげ》のある調子のものではなく、半ば冗談に近いものも含まれたようですが、多くの学生が大学入学前に、この「死ね」という言葉を浴びて育ってきたようです。そして、なかには相当深刻な「苛《いじ》め」を体験したことを語ってくれた学生もいました。小学校・中学校時代に、修学旅行先の部屋割りを、学級担任が生徒に全面的に任せたためにクラスメートから排除され、修学旅行への参加を結果として断念せざるをえなかった

（表向きは拒否）といった類の話でした。

こうした話を聴いたうえで、僕が学生諸君に発したのは、次のような言葉です。「又吉さんは、六歳の時点では幼いなりにすごく嫌で惨めな気持ちを味わっただろうが、それから三十年が経過すると、こうして物書き（発信者）としては、おいしいネタになったな」。

僕も物書きの端くれとして、常に「歴史に関わる面白いネタはないか」と、アンテナを張りめぐらして史料を探していた身なので、自然とこう思えたのです。また、学生諸君と日常的に交流する身で、彼らにとって参考（宝）になるものはないかと常に「ネタ」を探しつづけていたので、ついこうした発言が飛び出たのでしょう。そして、学生にこう語りかけて、自分でもハッとしました。「そうだ。これは苛めに遭って苦しんでいる若者にとっては、ある種の救いとなる逆転の発想になるかもしれない」と思ったからです。

苛めを受けた当座は苦しくて仕方がないかもしれないが、「何十年か後になってみれば、いま自分が受けているこの深刻な体験が様々な形で活用しうるかも」と考えることができれば（余裕を持てれば、もしくは客観視できれば）、自死などという刹那《せつな》的な行動にでることを防げるかもしれないなと思いました。

もちろん苛めの内容には、刑事告訴の対象としなければならない類のものも含まれますが、そこまでいかないものには、自分の考え方を変えれば凌《しの》げるものもあるのではないでしょうか。それに第一、複数でごく少数（普通はひとり）の者を苛めるという情けない行為に出る相手に、変わることを求めるよりも、自分が変わるほうが手っ取り早いです。

いずれにせよ、大事なことは、こうして本を読むことで、知識の量を増やし、考え方が深められるだけでなく、時にこのように人生を歩むうえでの重要なヒントを得られることです。僕が、若い人たちに読書を勧める理由のひとつは、こうした点にあります。

歴史学には文学性が必要だ

僕は、近年、歴史離れの一因として、歴史家のあまりにも文学性の欠如した文章力の問題が大きく関わっているのではと思うことがあります。

もちろん、これは自己反省をともなう感想です。というのは、世間一般の人々が歴史学に求めているのは、現在および将来に対する、いわば「道しるべ」としての、正確な史実にもとづく歴史ではないでしょうか。むろん、これは、時代小説のレベルでは満足しえない人たちのことです。すなわち、自分たちは、時代小説家の書くものとは違って、確固とした根拠のある（史料的な裏付けのある）面白い内容のものを読みたいのに、歴史家はそれに応えてくれないといった不満です。

そして、このことには、歴史家の修辞《しゅうじ》能力（味わい深くて面白く、かつ適切な語句を用いて表現する）の欠如が大いに関わっていることは、残念ながら認めざるをえません。僕が自戒もこめて、時に周辺の人に洩《も》らす言葉があります。それは、「時代小説家にはややもすれば正確な史実を追い求める努力（根気《こんき》）が足らず、歴史研究家の多くには感性が不足している」というものです。

自分自身の体験も含めて正直に書けば、正確で興味深い歴史を学びたいと思っているのに、あまりにも文学性の欠如した酷い歴史叙述のために、その気が失せたといった体験を有している人は多いのではないかと想像します。無味乾燥な文章で瑣末《さまつ》なテーマしか取り上げていない（ひたすら細部のあくなき正確さをめざす）歴史物など読んで楽しいはずはないからです。

そういう点で、僕は、歴史学が社会（世間）の期待に応えるためには、歴史家は文学者流の表現を時に取り入れねばならないと考えています。それに第一、文字を媒介として成り立っている以上、歴史学もある種、文学だといえるかもしれません。

なお、歴史家の書く文章に深い味わいの感じられるものが少ないのには、たんに歴史家の感性が乏しいといった理由だけでなく、主旨が伝わったらそれでよいという歴史家サイドの長年の伝統的なあり方が関係しています。すなわち、余計な修飾語は付けずに、簡略に自分の伝えたいことを書くようにとの指導を我々は受けてきました。また出版社側も、枚数が増えないために概してそのように望みます。

ところが、僕は近年、こうした表現のレベルでいいのだろうかと思わされることが多くなりました。というのは、簡略に努めるだけでは、どうにもこうにも表現しえない領域（段階）があるからです。

例えば、これは大昔に読んだ作品ですが、司馬遼太郎さんの『街道をゆく』中に、こういった表現がありました。それは、司馬さんが取材先で出会った、とても無口な人を、樋《とい》（屋根に流れる雨水を集めて地上に流すしかけ）から、雨上りのあとポツリポツリと落ちる水滴のような話し方をする人だと表現したものです。その後、読み返していないので正しくないかもしれませんが、確か、このような表現の仕方がなされていたと記憶しています。そして、この文章を読んだ若かりし頃の僕は、思わず「旨《うま》いな」と呟《つぶや》きました。その無口な人の語り口が、目に見えるように浮かんだからです。

むろん、正確な史実をなによりも重んじる歴史家としての目で見れば、司馬作品には「創作」以外にも明らかな事実誤認が多く含まれます。こうした、歴史家にとっては、許容しがたい側面が見られますが、それでも僕は、近年、歴史家も時にこうした司馬遼太郎さん風の表現法を取り入れなければならないなと感じることが多くなりました。なぜなら、我々の場合は、たんに寡黙（無口）な人であったの一言で済ませがちです。だが、これだけでは、その人物の佇《たたず》まいのようなものが伝わらないような気がするからです。

さらに加筆すると、僕はすぐれた時代小説家が時に発する言葉に思わず唸《うな》らされることがあります。そして、こうした言葉によってイメージが膨《ふく》らむこともあります。例えば、ごく直近の事例でいえば、直木賞作家の葉室麟《はむろりん》さん（惜しいことに、二〇一七年末に病気で亡くなりました）が、西郷隆盛について語った短い言葉が強く印象に残りました。「西郷は詩人でもある」が、それに該当します。

僕は、この「でも」の「も」に凄いなと思わされました。というのは、西郷は上手か否かは別にして、「漢詩」を作ることをはなはだ好みました。そして、西郷にとって、自分の気持ちを吐き出す、ほとんど唯一の手段が漢詩だったのです。すなわち彼は、おりおり自分の気持ちを漢詩という形で表わしました。

そして、西郷が漢詩人でもあったことが、彼の国民間における絶大な人気にも繋がったと僕は見ています。なぜなら、政治面や軍事面で国政を主導していく立場にある人物で、「詩人の心」をあわせ持つ者はそうざらにはいないからです。普通は、権力欲や名誉欲あるいは金銭欲にどっぷり浸かりがちです。だが、「詩人の心」をあわせ持つ西郷はそうはならなかった。そして、こうしたことによって、西郷は幕末維新期に活躍した政治家・軍人の中では断トツの人気を誇ることになったと考えます。とにかく、葉室さんのごく短い評言には、このようなことも窺《うかが》われて、僕は「凄いな」と思ったのです。

こうしたことは、どうでもいい瑣事《さじ》に属する問題かもしれませんが、歴史家も生き生きとした歴史叙述に努めなければ、読み手を獲得しえなくなっているのは厳然たる事実です。歴史家も、子供時分から、文学作品や映画などで生きた言葉の使用例を具体的に学ぶべきです。そして時には、ざっくりとした表現でもって、対象とする人物の個性や彼もしくは彼女が生きた時代の特色といったものを読者に伝えるセンスも磨かねばならないでしょう。そうでなければ、歴史学もこれから生き残ることは難しいのではないかと考えます。

おわりに

以上、長々と歴史学とはどういう学問かといったことや、歴史を学ぶことにどのような意義があるのかといったことを綴《つづ》ってきました。僕が本書の記述を終えるにあたって、改めてしみじみと思うのは、歴史を学んで良かったことや得たものが実に多かったということです。その最たるものは、本書の中でも強調したように、物事を因果律（いっさいのものは原因があって生じ、原因がなければ何も生じないという原理）で考える習慣が身についたことです。その結果、たとえ苦しい事態が生じても、物事を因果関係で論理的に捉えることができるようになりました。

それと、いまひとつ、歴史を学ぶ過程でも、教員生活を送るうえでも、他人と楽しく個人的なお喋《しゃべ》りをするうえでも、ともに不可欠な雑談力がついたと思います。とくに歴史の場合は、永遠に変わらない人間や社会の真実（本質）を伝える普遍的なものが数多く含まれているので、そのぶん色褪《いろあ》せない内容の話も時にできる力がついたのではと感謝しています。

他にも、歴史学を深く学べたことで得られたメリットはもちろん多々ありますが、ここで本書を終えます。本書が、未来志向に転じようとする人にとって、ほんの少しでも参考になるものを含んでいたならば、筆者としてこれに勝る喜びはありません。

あとがき

歴史学への誘《いざな》いの書（入門書）となった本書ですが、実は当初、いまひとつ別柱の構築も併《あわ》せてめざしました。それは、本（活字）離れが顕著（深刻）となる中、読書体験の大切さを、自分自身の恥をさらけ出してでも、訴えたいとの思いにもとづくものでした。

僕は、これまでの人生を振り返ってみて、前途を切り拓《ひら》くうえで何が一番プラスになったかといえば、読書の習慣を若き日に身につけたことだと断言できます。いや、正直に書くと、これ以外に思いあたるものがありません。それほど自分の中では読書習慣の確立は重要な位置を占めます。

残念ながら、紙幅などの関係もあって、この思いを本書の中ではたすことは断念しましたが、長年にわたって各方面にまたがる本を読んできたことが、歴史学の研究において大いに役立ったことはいうまでもありません。そして、このことによって、歴史学の勉学に必要な人間や社会を多面的に見る視点が自然と養われたことに感謝しています。

なお、本書中に記したこととの関連で、最近、大昔に読んだ本を再度読み返していたら、わが意を得たりと思えた文章に出会《でくわ》しました。明治二十六年（一八九三）に来日し、以後、大正四年（一九一五）に帰国するまで、キリスト教の布教活動に従事したアメリカ人宣教師の著作（H・B・シュワルツ『薩摩国滞在記』）に関わるものです。

この本に感想を付した人物（やはりアメリカ人です）が、ごく簡潔に次のように書いていました。「私たちは常に歴史の過ちを反面教師とし、先人の生きざまの中に私たち自身の今の生活をより高めてゆくための知恵を学ぶのである」。

僕は、この短い文章のとくに後半部に、歴史を学んで得られる最も大切なもののエッセンスが詰まっていると考えます。自分自身や自分の生きている社会のあり方を高める（生活の質の向上もふくめて）うえでの「知恵」が涌《わ》く源がふんだんにあるからこそ、我々は歴史に向かいあうのではないでしょうか。

そういえば、かつて拙著で、幕末の勤王僧であった月照《げっしょう》（一八一三〜五八）について触れた際、「仏教とは何か」を問われた彼が、「慈愛《じあい》と知恵」だと応えたことを紹介したことがあります。図らずも、生きた時代こそ違え、欧米人と日本人がともに「知識」ではなく、「知恵」の二文字をより大事なものとして取り上げたことに、大いなる興趣を覚えました。

最後に、本書の構成や編集を担当してもらった高橋淳一さんに深甚な謝意を表します。いままで、主として中高年齢層の読者を対象として、いくつか歴史に関わる書物を出版してきた僕には、若い感覚に溢れた高橋さんの適切なアドバイスがなければ、本書をものすることはできなかったと思います。少なくとも、若者に本書を手に取ってもらえる可能性が、より減じたのは間違いありません。

今年の六月、周知のように、成人年齢を二十歳から十八歳に引き下げる改正民法が成立しました。歴史的なともいえる制度の変更を政府関係者が急いだのには、若者の自立を促す狙いがあったとされます。本書が「成人」にとって必要不可欠な、物事を深くかつ多面的に理解しうる能力の育成に、ほんの少しでも寄与できれば幸いです。

二〇一八年十一月十一日　　家近良樹

主要参考文献

東京大学史料編纂所所蔵『大日本維新史料　稿本』（マイクロ版集成）
北原雅長『七年史』上・下巻（啓成社、一九〇四年。マツノ書店によって二〇〇六年復刻）
『大日本古文書　幕末外国関係文書』一（東京帝国大学、一九一〇年）
山川浩編述『京都守護職始末』上・下巻（非売品、一九一一年。マツノ書店によって二〇〇四年復刻）
東行先生五十年祭記念会編『東行先生遺文』（民友社、一九一六年）
侯爵細川家編纂所編『改訂　肥後藩国事史料』巻一（一九三二年）
明治文化研究会『新聞薈叢』（岩波書店、一九三四年。一九九五年『幕末秘史新聞薈叢』として復刻）
松平春嶽「真雪草紙」「閑窓秉筆」（松平春嶽全集編纂委員会編『松平春嶽全集』第一巻、一九三九年。原書房によって一九七三年復刻）
前田育徳会編『加賀藩史料―幕末編上巻』（非売品、一九五八年）
和田政雄編『乃木希典日記』（金園社、一九七〇年）
『水戸藩史料』上編乾（吉川弘文館、一九七〇年）
後藤陽一・友枝龍太郎校注『熊沢蕃山（日本思想大系三〇）』（岩波書店、一九七一年）
『丁卯雑拾録』一（日本史籍協会叢書、東京大学出版会、一九七二年復刻版。一九九九年新装版）
「開国起原」Ⅴ（『勝海舟全集』一九、講談社、一九七五年）
吉田常吉・佐藤誠三郎校注『幕末政治論集（日本思想大系五六）』（岩波書店、一九七六年）
鹿児島県維新史料編纂所編『鹿児島県史料　斉彬公史料』第一・三巻（鹿児島県、一九八一・一九八三年）
中井信彦校注『片葉雑記　色川三中黒船風聞日記』（慶友社、一九八六年）

『続再夢紀事』二（日本史籍協会叢書、東京大学出版会、一九七四年）
梶田明宏監修・解題（柏村哲博・増田淑美校註）『〈宮島家蔵〉皇国形勢聞書』（新人物往来社、一九九五年）
菊地明編『京都守護職日誌』第一～五巻（新人物往来社、二〇〇八年）
神奈川県立歴史博物館編集・発行『特別展　ペリーの顔・貌《かお》・カオ―「黒船」の使者の虚像と実像』（二〇一二年）
網野善彦『「日本」とは何か』（講談社学術文庫、二〇〇八年）
家近良樹「幕末史再考―ペリー来航は何故瞬時に大騒動となったのか」（『経済史再考　日本経済史研究所開所七〇周年記念論文集』二〇〇三年）
家近良樹『幕末の朝廷―若き孝明帝と鷹司関白』（中公叢書、二〇〇七年）
家近良樹（書評）「佐々木寛司著『明治維新史論へのアプローチ―史学史・歴史理論の視点から』（有志舎、二〇一五年）」（『日本史研究』第六四六号、二〇一六年）
石坂尚武『どうしてルターの宗教改革は起こったか―ペストと社会史から見る』（ナカニシヤ出版、二〇一七年）
岩下哲典『予告されていたペリー来航と幕末情報戦争』（洋泉社、二〇〇六年）
岩下哲典『幕末日本の情報活動―「開国」の情報史』（雄山閣出版、改訂増補版、二〇〇八年）
上田純子・公益財団法人僧月性顕彰会編『幕末維新のリアル―変革の時代を読み解く7章』（吉川弘文館、二〇一八年）
落合恵美子「序章　徳川日本のライフコース」（『徳川日本のライフコース―歴史人口学との対話』ミネルヴァ書房、二〇〇六年）

川勝平太『日本文明と近代西洋―「鎖国」再考』（ＮＨＫブックス、一九九一年）
菊池勇夫「徴発と兵火のなかの北東北の民―秋田藩と盛岡藩の戦争にみる」（奈倉哲三・保谷徹・箱石大編『戊辰戦争の新視点』下、吉川弘文館、二〇一八年）
鬼頭宏「再婚と人口再生産―出生率への効果の測定」（前掲『徳川日本のライフコース』所収）
木村直也「総論　世界史のなかの明治維新」（明治維新史学会編『講座明治維新1　世界史のなかの明治維新』（有志舎、二〇一〇年）
久住真也『王政復古―天皇と将軍の明治維新』（講談社現代新書、二〇一八年）
坂本一登「明治天皇の形成」（明治維新史学会編『講座明治維新4　近代国家の形成』有志舎、二〇一二年）
佐々木潤之介『日本の歴史（大名と百姓）』⒂（中央公論社、一九七一年）
佐々木寛司『日本資本主義と明治維新』（文献出版、一九八八年）
史学会編『歴史学の最前線』（東京大学出版会、二〇〇四年）
司馬遼太郎『「明治」という国家（新装版）』（ＮＨＫブックス、二〇一八年）
嶋村元宏「ペリー来航絵巻について（一）」（『神奈川県立博物館研究報告（人文科学）』第三十号、二〇〇四年）
子母澤寛『新選組始末記』（万里閣書房、一九二八年。のち中公文庫として発刊）
須田努『幕末の世直し　万人の戦争状態』（吉川弘文館、二〇一〇年）
関川夏央編『幕末維新のこと―幕末・明治論コレクション』（ちくま文庫、二〇一五年）
関川夏央編『明治国家のこと―幕末・明治論コレクション』（同右）
中村哲編『歴史はどう教えられているか―教科書の国際比較から』（ＮＨＫブックス、一九九五年）

西村貞二『歴史から何を学ぶか』（講談社現代新書、一九七〇年）
葉室麟「〝西郷隆盛〟とは誰だったのか」（『本郷』第一三三号（吉川弘文館）、二〇一八年）
速水融『江戸の農民生活史』（日本放送出版協会、一九八八年）
速水融『歴史人口学の世界』（岩波書店、一九九七年）
速水融編『近代移行期の人口と歴史』（ミネルヴァ書房、二〇〇二年）
速水融編『近代移行期の家族と歴史』（同右）
藤田覚『幕藩制国家の政治史的研究』（校倉書房、一九八七年）
藤田覚「ペリー来航以前の国際情勢と国内政治」（前掲『講座明治維新1　世界史のなかの明治維新』所収）
ブローデル『地中海』（藤原書店、一九九一～九五年）
又吉直樹『夜を乗り越える』（小学館よしもと新書、二〇一六年）
三谷博『ペリー来航』（吉川弘文館、二〇〇三年）
三谷博『維新史再考―公議・王政から集権・脱身分化へ』（ＮＨＫブックス、二〇一七年）
宮地正人『歴史のなかの新選組』（岩波書店、二〇〇四年）
山川菊栄『武家の女性』（岩波文庫、一九八三年）
歴史科学協議会（鵜飼政志他編）『歴史をよむ』（東京大学出版会、二〇〇四年）
ロナルド・トビ「末尾からみた最前線―広がる『世界』をどうとらえるか」（前掲『歴史学の最前線』所収）

ちくまプリマー新書314

歴史《れきし》を知《し》る楽《たの》しみ　史料《しりょう》から日本史《にほんし》を読《よ》みなおす

二〇一八年十二月十日　初版第一刷発行

著者　家近良樹（いえちか・よしき）

装幀　クラフト・エヴィング商會

発行者　喜入冬子

発行所　株式会社筑摩書房
東京都台東区蔵前二‐五‐三　〒一一一‐八七五五
電話番号　〇三‐五六八七‐二六〇一（代表）

印刷・製本　中央精版印刷株式会社

ISBN978-4-480-68339-7 C0220 Printed in Japan